DICCIONARIO
DE LENGUAJE
NO VERBAL

Título original: DICTIONARY OF BODY LANGUAGE: A FIELD GUIDE TO HUMAN BEHAVIOR
Traducido del inglés por Jacqueline Guiter
Diseño de portada: Editorial Sirio, S.A.
Maquetación y diseño de interior: Toñi F. Castellón

© de la edición original
2018 Joe Navarro

Publicado con autorización de William Morrow, una división de HarperCollins Publishers

© de la presente edición
EDITORIAL SIRIO, S.A.
C/ Rosa de los Vientos, 64
Pol. Ind. El Viso
29006-Málaga
España

www.editorialsirio.com
sirio@editorialsirio.com

I.S.B.N.: 978-84-17399-53-5
Depósito Legal: MA-503-2019

Impreso en Imagraf Impresores, S. A.
c/ Nabucco, 14 D - Pol. Alameda
29006 - Málaga

Impreso en España

Puedes seguirnos en Facebook, Twitter, YouTube e Instagram.

JOE NAVARRO

DICCIONARIO
DE LENGUAJE
NO VERBAL

EDITORIAL
SIRIO

Este libro está dedicado al amor de mi vida, mi mejor amiga y la primera editora de todo lo que hago: mi esposa, Thryth Hillary Navarro.

Si el lenguaje se le otorgó al hombre para
esconder sus pensamientos, el propósito de
los gestos es ponerlos al descubierto.

—John Napier

ÍNDICE

INTRODUCCIÓN

En 1971, a la edad de diecisiete años, sin saber por qué (y sigo sin saberlo), comencé a escribir un diario sobre el comportamiento humano. He catalogado todo tipo de expresiones «no verbales», lo que en términos más generales se conoce con el nombre de lenguaje corporal.

Al principio eran las cosas extravagantes que hacía la gente: ¿por qué ponían los ojos en blanco cuando no se creían algo o se agarraban el cuello cuando se enteraban de alguna mala noticia? Más tarde se volvió más matizado: ¿por qué las mujeres jugaban con su cabello mientras estaban al teléfono o arqueaban las cejas cuando se saludaban? Eran pequeños gestos, pero captaban mi curiosidad. ¿Por qué hacían los seres humanos tales gestos, y con tanta variedad? ¿Cuál era el propósito de estos comportamientos?

Reconozco que constituía una ocupación extraña para un adolescente. O eso me decían mis amigos; ellos estaban concentrados en el intercambio de cromos de béisbol y en saber quién tenía el mejor promedio de bateo o pateaba la mayor cantidad de puntos extra en esa temporada. Yo, en cambio, estaba mucho más interesado en aprender las complejidades del comportamiento humano. Al principio cataloga mis observaciones en tarjetas de siete por doce centímetros, y lo hacía solo para mí, porque me gustaba hacerlo. Por aquel entonces todavía no conocía el trabajo de Charles Darwin, Bronisław Malinowski, Edward T. Hall, Desmond Morris ni mi futuro amigo el doctor David Givens, unos gigantes en el campo del comportamiento humano. A mí simplemente me interesaba cómo actuaban los demás y por qué, y quería conservar mis observaciones. Nunca pensé que, cuarenta años después, aún seguiría coleccionándolas en fichas.

A lo largo de los años, he recogido miles de entradas. Poco sabía entonces que, más adelante, me convertiría en agente especial del FBI y que, durante los próximos veinticinco años, usaría esas observaciones mientras perseguía a criminales, espías y terroristas. Pero quizás, dado mi interés en cómo y por qué la gente tiene determinados comportamientos, esa era la trayectoria natural.

Llegué a los Estados Unidos como refugiado huyendo de la Cuba controlada por los comunistas. Tenía ocho años y no hablaba inglés. Me vi obligado a adaptarme rápidamente; en otras palabras, tuve que observar y decodificar mi nuevo entorno. Lo que los hablantes nativos daban por sentado era nuevo en mi caso. Mi nueva existencia consistió en descifrar lo único que tenía sentido para mí: el lenguaje corporal. A través de su rostro, su aspecto, la suavidad de su mirada o la tensión de su cara, aprendí a interpretar lo que otros daban a entender. Podría averiguar a quién le gustaba, a quién le era indiferente, si alguien estaba enfadado o molesto conmigo... En una tierra extraña, sobreviví mediante la observación. No había otra manera de conseguirlo.

Por supuesto, el lenguaje corporal estadounidense era un poco diferente al cubano. La gente en los Estados Unidos hablaba con una cadencia y una vitalidad distintas. Los cubanos se acercaban unos a otros cuando hablaban, y a menudo se tocaban. En los Estados Unidos se apartaban más, y tocar a la gente en un contexto social se podía recibir con una mirada incómoda o algo peor.

Mis padres tenían tres trabajos cada uno, así que no tenían tiempo para enseñarme todo esto; tenía que aprenderlo por mi cuenta. Estaba aprendiendo sobre la cultura y sobre la influencia que esta tiene en lo no verbal, incluso aunque no podría haberlo puesto en esas palabras en ese momento. Pero sí sabía que algunos comportamientos eran diferentes aquí, y tenía que entenderlos. Desarrollé mi propia forma de investigación científica, observando desapasionadamente y validando todo lo que veía, no una o dos veces, sino muchas veces antes de que llegara a una ficha. A medida que crecía mi número de tarjetas, ciertos patrones de comportamiento comenzaron a destacar. La mayoría de los comportamientos podrían categorizarse como marcadores de comodidad o incomodidad; nuestros cuerpos revelan con gran precisión, en tiempo real, nuestro estado de malestar.

Más tarde me enteraría de que muchos de estos marcadores de comodidad o comportamientos, para ser más precisos, tienen su origen en las áreas emocionales del cerebro de los mamíferos, lo que a menudo se denomina el sistema límbico. Este tipo de respuesta involuntaria se ajustaba a lo que yo había visto en Cuba y estaba viendo ahora en los Estados Unidos. En la escuela o a través de la ventana de la tienda de la esquina, la gente levantaba las cejas para saludar a los que realmente les caían bien. Tales conductas universales me hicieron confiar en que eran auténticas y podía confiarse en ellas. De lo que dudaba era de la palabra hablada. Cuántas veces, después de haber aprendido inglés, oí a alguien decir que le gustaba algo cuando un instante antes había visto cómo su cara revelaba todo lo contrario. Y así, además, aprendí a una edad temprana sobre el engaño. La gente a menudo miente, pero sus expresiones no verbales generalmente revelan cómo se sienten en realidad. Los niños, por supuesto, mienten fatal; pueden asentir con la cabeza para reconocer que han hecho algo malo mientras lo niegan verbalmente. A medida que envejecemos, mejoramos en nuestra capacidad de mentir, pero un observador cualificado aún puede detectar las señales de que algo anda mal, de que ocurre algo: puede ser que una persona no parezca ser completamente comunicativa o que carezca de confianza en lo que está diciendo. Muchas de esas señales o comportamientos se recogen aquí en este libro.

A medida que fui creciendo, llegué a depender más y más de las expresiones no verbales. Confiaba en ellas en la escuela, en los deportes, en todo lo que hacía, incluso cuando jugaba con mis amigos. Para cuando me gradué en la Universidad Brigham Young, llevaba ya más de una década recopilando observaciones. Allí, por primera vez, estaba viviendo entre muchas más culturas (europeos del Este, africanos, nativos de las islas del Pacífico, nativos americanos, chinos, vietnamitas y japoneses, entre otros) de las que había visto en Miami, y esto me permitió realizar aún más observaciones.

En la escuela también empecé a descubrir los fascinantes fundamentos científicos de muchos de estos comportamientos. Por citar solo un ejemplo: en 1974 llegué a ver a niños ciegos ciegos de nacimiento jugando entre ellos. Me dejó sin aliento. Esos niños nunca habían visto a otros niños, pero mostraban comportamientos que yo creía que habían sido aprendidos visualmente; gestos típicos del lenguaje no verbal, que explicaremos más adelante, como los «pies felices» o «el campanario», a pesar de no haberlos visto nunca. Esto significaba que estos comportamientos están conectados a nuestro ADN, parte de nuestros paleocircuitos, esos antiquísimos circuitos que aseguran nuestra supervivencia y nuestra capacidad de comunicación y que, por lo tanto, son universales. A lo largo de mi carrera universitaria, aprendí sobre la base evolutiva de muchos de estos comportamientos, y en las páginas de este libro revelaré estos hechos a menudo sorprendentes que damos por sentados.

Cuando terminé mis estudios en la Universidad Brigham Young, recibí una llamada telefónica en la que me pedían que presentara una solicitud de admisión al FBI. Pensé que era una broma, pero al día siguiente dos hombres trajeados llamaron a mi puerta y me entregaron una solicitud de empleo que cambió mi vida para siempre. En aquellos días, no era inusual que los reclutadores del FBI buscaran talentos en el campus. Por qué sabían mi nombre, o quién se lo dio a conocer, nunca lo supe. Lo que sí sé es que estaba más que encantado de que me pidieran que me uniera a la agencia más prestigiosa del mundo en el ámbito de las fuerzas del orden público.

Fui el segundo agente más joven contratado por el FBI. A la edad de veintitrés años de nuevo entraba en un mundo desconocido. Aunque no me sentía preparado de muchas maneras para ser agente, existía un campo que había dominado: la comunicación no verbal. Esta era la única área en la que me sentía seguro. El trabajo del FBI consiste, en su mayor parte, en observar. Sí, hay escenas de crímenes que procesar y criminales que capturar, pero la mayor parte del trabajo consiste en hablar con la gente, vigilar a los criminales, realizar entrevistas. Y yo, para eso, ya estaba preparado.

Mi carrera en esta agencia gubernamental abarcó veinticinco años, de los cuales los últimos trece los pasé en el Programa de Análisis de Conducta de Seguridad Nacional (NS-BAP) de élite del FBI.

Fue en esta unidad, diseñada para analizar los mejores casos de seguridad nacional, donde mis conocimientos sobre la comunicación no verbal se desarrollaron tanto que llegaron a hipertrofiarse como si estuviera consumiendo esteroides. Esta unidad, compuesta por solo seis agentes seleccionados entre doce mil agentes especiales del FBI, tenía que lograr lo imposible: identificar a espías, topos y oficiales de inteligencia hostiles que trataban de hacer daño a los Estados Unidos bajo la cobertura diplomática.

Durante el tiempo que pasé trabajando en este campo, perfeccioné mi comprensión del lenguaje corporal. Lo que observé nunca podría ser replicado en un laboratorio universitario. Cuando leía los artículos científicos sobre el engaño y el lenguaje corporal, me daba cuenta de que los autores nunca habían entrevistado a un psicópata, a un terrorista, a un miembro de la mafia o a un oficial de inteligencia de la KGB soviética. Sus hallazgos podrían ser ciertos en un laboratorio, utilizando estudiantes universitarios. Pero entendían poco del mundo real. Ningún laboratorio podía replicar lo que yo había observado *in vivo* y ningún investigador podía aproximarse a las más de trece mil entrevistas que había hecho a lo largo de mi carrera, las miles de horas de vídeo de vigilancia que había observado y las anotaciones sobre comportamiento que había recopilado. Veinticinco años en el FBI constituyeron mi escuela de posgrado; encarcelar a múltiples espías basándome en la comunicación no verbal fue mi tesis doctoral. Después de retirarme del FBI, quería compartir con los demás lo que sabía sobre el lenguaje corporal. *El cuerpo habla*,* publicado en 2008, fue el producto de esa búsqueda. En ese libro, los conceptos de «comodidad» e «incomodidad» ocupaban el centro de atención, y descubrí la omnipresencia de los «apaciguadores», tales como tocarnos la cara o el pelo, gestos corporales que utilizamos ante las situaciones cotidianas de estrés. También traté de explicar de dónde provenían estos comportamientos universales, recurriendo a la investigación psicológica, la biología evolutiva y los contextos culturales para explicar por qué hacemos lo que hacemos.

---

* Publicado en castellano por Editorial Sirio.

El cuerpo habla se convirtió en un *best seller* a nivel internacional y se tradujo a docenas de idiomas. En total se han vendido más de un millón de ejemplares en todo el mundo.

Cuando lo escribí, no tenía ni idea de lo popular que se volvería. En las charlas que di en los años siguientes a su publicación, no dejaba de oír lo mismo: la gente quería más, y lo quería en un formato más fácilmente accesible. Lo que muchos lectores pedían era una especie de guía de campo, un manual de referencia rápido sobre las conductas que podrían encontrarse en la vida diaria.

El *Diccionario de lenguaje no verbal* es esa guía de campo. Está dividido por áreas del cuerpo (desde la cabeza hasta los pies) y contiene más de cuatrocientas de las observaciones más importantes del lenguaje corporal que he hecho a lo largo de mi carrera. Mi esperanza es que su lectura te proporcione la misma información sobre el comportamiento humano que yo y otros agentes del FBI hemos utilizado para decodificarlo. Es cierto que nosotros lo hemos usado para interrogar a los sospechosos de haber cometido un delito, pero se puede utilizar como yo lo he hecho todos los días desde que llegué a este país: para entender mejor a aquellos con los que interactuamos en el trabajo o en el tiempo libre. Y, en cuanto a las relaciones sociales, no se me ocurre mejor manera de comprender a los amigos o a la pareja que estudiando nuestra forma de comunicación más primaria: el lenguaje no verbal.

Si alguna vez te has preguntado por qué hacemos lo que hacemos, o qué significa un comportamiento en particular, mi esperanza es satisfacer tu curiosidad. A medida que vayas hojeando el diccionario, reproduce los comportamientos sobre los que lees y eso te dará una idea de cómo se ven y cómo se sienten. Al representarlos, los recordarás mejor la próxima vez que los veas. Si te sucede como a mí y te gusta observar a la gente, si quieres discernir lo que la gente está pensando, sintiendo, deseando o temiendo, o qué intenciones tienen, ya sea en el trabajo, en casa o en el aula, sigue leyendo.

LA CABEZA

Toda conducta tiene su origen en la cabeza, por supuesto: el cerebro siempre está en constante funcionamiento, ya sea a nivel consciente o subconsciente. Las señales parten del cerebro para regular el corazón, la respiración, la digestión y muchas otras funciones. Pero la parte externa de la cabeza también tiene una gran importancia: el cabello, la frente, la nariz, las orejas y la barbilla, todos ellos comunican, cada uno a su manera, desde el estado de salud general hasta una situación de perturbación emocional. Por eso, vamos a comenzar aquí por aquella parte de nuestro cuerpo en la que, desde que nacemos hasta que morimos, buscamos información que nos pueda ser útil, primero como padres, luego como amigos, compañeros de trabajo y amantes, para que nos revele qué es lo que hay en la mente.

1. **LOS ADORNOS DE LA CABEZA.** El adorno de la cabeza se utiliza en todas las culturas por una multitud de razones. Puede indicar un estatus de liderazgo comunitario (tocados de plumas de jefes nativos americanos), ocupación (un casco de minero), estatus social (un bombín o un tocado de Yves Saint Laurent), pasatiempos (un casco de ciclista o de escalador), religión (un capelo del cardenal o una kipá judía) o lealtad (una gorra del equipo deportivo favorito, sindicato laboral, etc.). Los adornos de cabeza pueden ofrecer una idea sobre la persona: dónde encaja en la sociedad, su afiliación, su estatus socioeconómico, lo que cree, cómo se ve a sí misma o incluso el grado en que desafía las convenciones.

2. **EL CABELLO.** Al estar convenientemente ubicado en la parte superior de la cabeza, nuestro cabello transmite mucho en lo que se refiere a la comunicación no verbal. Un cabello sano es algo que todos los seres humanos desean, incluso a nivel subconsciente. Un cabello sucio, despeinado, arrancado o descuidado puede sugerir mala salud o incluso enfermedad mental. El cabello atrae, seduce, repele o choca. Incluso puede indicar nuestro nivel laboral; como afirma el renombrado

antropólogo David Givens, el cabello a menudo sirve como un «currículum no oficial», revelando el lugar que uno ocupa en una organización. Y en muchas culturas es un rasgo determinante en las citas y el romance. La gente tiende a seguir tanto las normas culturales como las tendencias actuales con su cabello; si ignoran estos estándares sociales, se nota.

3. **JUGUETEO CON EL CABELLO.** Juguetear con nuestro cabello (girar, retorcer o acariciar) es un comportamiento tranquilizador. Las mujeres lo hacen con mayor frecuencia y puede indicar un buen estado de ánimo (mientras leen o se relajan) o estrés (al esperar una entrevista, por ejemplo, o al experimentar un vuelo accidentado). Es importante advertir que cuando la palma de la mano está orientada hacia la persona que se lo acaricia, es más probable que esté funcionando como un acto tranquilizador, a diferencia del caso en que la palma de la mano está orientada hacia fuera, que se comentará más adelante, que tiene otra función. Los comportamientos tranquilizadores nos calman psicológicamente cuando sentimos estrés o ansiedad; incluso los utilizamos simplemente para hacer más corta una espera. A medida que envejecemos, pasamos de tranquilizarnos chupándonos el pulgar a comportamientos como mordernos los labios, mordernos las uñas o acariciarnos la cara.

4. JUGUETEO CON EL CABELLO (CON LA PALMA HACIA FUERA). Cuando las mujeres juegan con su cabello con la palma de la mano hacia fuera, es más bien una muestra pública de comodidad, una señal de que están contentas y seguras de sí mismas alrededor de los demás. Por lo general, solo exponemos la parte interna de las muñecas a los demás cuando nos sentimos cómodos o a gusto. Esto se ve a menudo en situaciones de citas en las que la mujer juega con su cabello, con la palma de la mano hacia fuera, mientras habla con alguien en quien está interesada.

5. PASARSE LOS DEDOS POR LOS CABELLOS (HOMBRES). Cuando están estresados, los hombres se pasan los dedos por el cabello tanto para ventilarse la cabeza (esto permite que el aire entre para enfriar la superficie vascular del cuero cabelludo) como para estimular los nervios cutáneos al presionarlos. Esto también puede ser una señal de preocupación o duda.

6. AIREARSE EL CUELLO AGITANDO EL CABELLO (MUJERES). Airearse el cuello produce un fuerte efecto calmante, que alivia tanto el calor como el estrés. Las mujeres se airean de forma diferente a los hombres. Se levantan el pelo de la nuca rápidamente cuando están preocupadas, molestas, estresadas o nerviosas. Si lo hacen repetidamente, lo más probable es que estén demasiado estresadas. Sin embargo, no podemos descartar la posibilidad de que se deba a que tengan mucho calor debido a la actividad física o a la temperatura ambiente. Los hombres tienden a airearse la parte superior de la cabeza pasándose los dedos por el cabello.

7. **VOLTEARSE/TOCARSE EL PELO.** Cuando estamos intentando llamar la atención de alguien que nos gusta (una pareja en potencia), es corriente que nos volteemos el pelo, nos lo toquemos o nos tiremos de él. El movimiento que hace la mano al tocarse el pelo se suele considerar atractivo (fíjate sobre todo en la mayoría de los anuncios de productos para el cabello). Nuestro reflejo de orientación, una reacción primitiva que nos alerta sobre cualquier movimiento que percibamos, está especialmente sintonizado con los movimientos de la mano, algo con lo que los magos siempre han contado. Una mano dirigida hacia el pelo puede llamar nuestra atención incluso desde el otro lado de la habitación. Por cierto, el reflejo de orientación funciona a un nivel tan subconsciente que incluso se observa en pacientes en coma cuando siguen el movimiento con los ojos.

8. **ARRANCARSE EL PELO.** El hábito de arrancarse el pelo continuamente se denomina *tricotilomanía*, y es algo que se observa con mayor frecuencia en los niños y adolescentes que sufren de estrés, pero también puede presentarse, aunque con menor frecuencia, en los adultos. Los hombres suelen tender a arrancarse los pelitos de

los extremos de las cejas, mientras que las mujeres presentan muchas otras formas de tricotilomanía, como son arrancarse pestañas, pelo de la cabeza y de las cejas, y vello de los brazos. Este hábito constituye una respuesta al estrés: incluso las aves se arrancan sus propias plumas cuando están expuestas a situaciones estresantes. El hábito de arrancarse el pelo, a modo de tic nervioso, tiene un efecto tranquilizador al estimular las terminaciones nerviosas. Sin embargo, en los casos graves se hace necesaria la intervención médica.

9. **ASENTIR CON LA CABEZA.** Durante las conversaciones, asentir con la cabeza sirve para afirmar, generalmente en cadencia, que la persona está escuchando y es receptiva a un mensaje. Normalmente, indica acuerdo, excepto en aquellas situaciones en las que además de inclinar la cabeza se fruncen los labios (ver n.º 154), lo que podría sugerir desacuerdo.

10. **ASENTIR CON LA CABEZA (EN CONTRADICCIÓN).** Esto es algo que normalmente se observa en los niños pequeños, como cuando uno de los padres le pregunta a su hijo si ha roto la lámpara y el niño le responde que no, pero asiente con la cabeza. Este comportamiento contradictorio pone en evidencia la verdad. Se trata de algo que he visto en niños, adolescentes e incluso adultos.

11. **TOCARSE LA CABEZA O LA NUCA.** Cuando estamos perplejos o nos encontramos ante un conflicto mental, a menudo nos tocamos la parte posterior de la cabeza con una mano, quizás incluso acariciándonos el cabello hacia abajo mientras nos esforzamos por hallar una respuesta. Este comportamiento es calmante, debido tanto a la sensación táctil como al calor que se genera. Como ocurre con la mayoría de los casos en los que las manos tocan alguna parte del cuerpo, se trata de un comportamiento tranquilizador que reduce el estrés o la ansiedad.

12. **RASCARSE LA CABEZA.** Rascarse la cabeza es un acto tranquilizador que realizamos cuando tenemos dudas o nos sentimos frustrados, estresados o preocupados. Se ve en las personas cuando están intentando acordarse de algo o cuando se sienten perplejas. Por eso es algo que suelen ver mucho los profesores en los alumnos cuando están pensando cómo contestar a una pregunta de un examen, por ejemplo. Rascarse la cabeza muy rápido suele ser señal de mucho estrés o preocupación. Puede indicar que alguien se siente en conflicto sobre cómo actuar en determinada situación.

13. **ACARICIARSE LA CABEZA.** Aparte de cumplir la función de colocarse o arreglarse el pelo, las personas se tocan el cabello con la palma de la mano para tranquilizarse cuando están estresadas o se enfrentan a un dilema, o

mientras están pensando cómo contestar una pregunta. Es algo parecido a una madre acariciándole la cabeza a su hijo. Este comportamiento tranquilizador puede tener un efecto calmante inmediato. Una vez más, esta conducta puede ser señal de duda o conflicto interno, sobre todo en el caso de acariciarse la parte de atrás de la cabeza.

14. RASCARSE LA CABEZA A LA VEZ QUE SE FROTA LA TRIPA. Frotarse la tripa a la vez que uno se rasca la cabeza indica que se está dudando o preguntándose algo. Del mismo modo, puede ser señal de inseguridad o de incredulidad. Resulta interesante el hecho de que también los primates presentan esta conducta.

15. DEDOS ENTRELAZADOS DETRÁS DE LA CABEZA, CODOS HACIA ARRIBA. El entrelazamiento de los dedos detrás de la cabeza con los codos hacia fuera se llama «encapuchamiento», porque nos recuerda al modo en que una cobra despliega su «capucha» para parecer más grande. Es una expresión territorial que hacemos cuando estamos cómodos y al mando. Cuando nos «encapuchamos», los dedos entrelazados detrás de la cabeza son a la vez reconfortantes y calmantes, mientras que los codos hacia fuera proyectan confianza. El encapuchamiento rara vez se realiza cuando está presente una persona de mayor rango.

16. LLEVARSE LAS MANOS A LA CABEZA (ATURDIDO).
Ante una situación de *shock*, incredulidad o estupefacción, puede que la persona se lleve las manos a la cabeza, de manera que estén cerca de las orejas, pero sin llegar a tocarlas, y con los codos extendidos hacia delante. Es posible que mantengan esta posición durante varios segundos mientras tratan de entender lo que ha sucedido. Esta respuesta primitiva y autoprotectora podría producirse cuando alguien ha cometido un error importante, como un conductor que se choca contra su propio buzón de correo o un jugador que se da cuenta de que corre hacia la portería equivocada.

17. DEDOS ENTRELAZADOS ENCIMA DE LA CABEZA. Esta conducta destaca porque, mientras tiende a proteger la cabeza con las palmas de las manos hacia abajo, sin embargo, los codos suelen estar muy abiertos hacia fuera. Esto se observa en personas que se encuentran desbordadas, en un momento de *impasse* o ante dificultades, cuando se ha producido una catástrofe (después de un huracán o un tornado, si han perdido sus bienes) o cuando las cosas no van por buen camino. Observa la posición de los codos: a medida que la situación empeora, tienden a acercarse más entre sí frente a la cara casi de forma antinatural, como si fueran una abrazadera de laboratorio. Observa también la presión: cuanto peor es la situación, mayor es la presión de las manos hacia abajo. Este comportamiento es muy diferente al de «encapuchado» (ver n.º 15), donde las palmas de las manos se colocan en la parte posterior de la cabeza y la persona se siente bastante segura.

18. **LEVANTARSE EL GORRO O SOMBRERO.** Ante un estrés repentino, puede ser que las personas se levanten repentinamente el gorro para airearse la cabeza. Esto ocurre a menudo cuando se reciben malas noticias, durante una discusión o tras un momento de acaloramiento. Desde el punto de vista de la seguridad, ten en cuenta que en situaciones de alto grado de cólera (por ejemplo, accidentes de tráfico o incidentes de violencia en la carretera), el acto de desvestirse o quitarse prendas (quitarse el sombrero, la camisa, las gafas de sol) a menudo precede a una pelea.

LA FRENTE

Desde bebés comenzamos a buscar información fijándonos en la frente. Incluso a los pocos meses de edad, los bebés ya responden a las arrugas de la frente de su madre, percibiéndolas como algo negativo. Este pequeño espacio entre el puente de la nariz y la línea del cabello revela a los demás, al instante, cómo nos sentimos en un momento dado. Es una parte de nuestro cuerpo que se encuentra muy estrechamente conectada al cerebro, que nos permite comunicar nuestros sentimientos rápidamente y con precisión, y de una forma que salta a la vista.

19. **TENSIÓN EN LA FRENTE.** En algunas personas el estrés se manifiesta con una repentina tensión en la frente, como consecuencia de la tensión y rigidez de los músculos subyacentes. La cara tiene más de veinte grupos diferentes de músculos que pueden dar lugar a más de cuatro mil expresiones faciales distintas, según el doctor Paul Ekman. Hay seis músculos en concreto, incluyendo el gran occipitofrontal, el prócer y el temporal, que intervienen en tensar o arrugar la frente cuando estamos estresados. Obviamente, primero tenemos que ver a las personas en un ambiente tranquilo para conocer la línea base o punto de partida de su frente, pero cuando están estresadas se suele notar mucho la tensión de la frente, y esta constituye un excelente indicador de que ocurre algo.

20. **SURCOS EN LA FRENTE.** Los surcos en la frente en respuesta a un estímulo son generalmente un buen indicador de que algo anda mal, hay problemas o alguien se siente inseguro. También se observa cuando las personas se concentran o tratan de encontrarle sentido a algo. Los surcos de la frente generalmente se asocian con duda, tensión, ansiedad o preocupación. Ten en cuenta que el bótox, que muchos usan con fines cosméticos para desdibujar las líneas de tensión en la frente, podría enmascarar los verdaderos sentimientos.

21. **FRENTE TRATADA CON BÓTOX (PROBLEMAS).** Tanto hombres como mujeres utilizan inyecciones de bótox

para borrar las líneas de tensión de la frente. Esto ha creado problemas para las parejas e incluso para los niños, que normalmente miran a esta zona en busca de información sobre cómo se puede sentir una persona. Los bebés de tan solo cuatro semanas de edad responderán a una frente fruncida como algo negativo. Curiosamente, tanto los niños como los adultos han declarado que no pueden leer a sus padres o a sus cónyuges para obtener indicios emocionales tan fácilmente como antes de que hayan utilizado el bótox.

22. LÍNEAS DE ESTRÉS. Algunas personas tienen profundamente marcadas en la frente las dificultades que han atravesado en la vida, incluso desde temprana edad. Nuestras experiencias a menudo se traducen en surcos, arrugas y líneas de expresión. La frente puede reflejar una vida difícil o estresante, o una vida pasada al aire libre, expuesto al sol, que tiende a resaltar más las líneas en esta zona.

23. FRENTE SUDOROSA. Si el grado de estrés es suficientemente alto, se puede empezar a sudar espontáneamente, aunque sudar es algo que varía mucho de una persona a otra: hay quienes sudan profusamente en cuanto se toman el primer sorbo de café, o subiendo un tramo de escaleras, así que, antes de llegar a ninguna conclusión, es necesario establecer la línea base o punto de partida de cada uno en particular. Las conductas base son las que llamamos «normales» cuando una persona no se encuentra estresada ni excesivamente afectada por emociones.

24. **VENAS HINCHADAS.** Cuando un individuo está sometido a estrés, las venas temporales superficiales (las que están más cerca de la piel en las sienes) pueden palpitar visiblemente. Es un indicador muy preciso del estado de excitación vegetativa causado por la ansiedad, la preocupación, el miedo, la ira u, ocasionalmente, la euforia. La excitación vegetativa es la forma en que el cerebro entra automáticamente en el modo de supervivencia, obligando al corazón y a los pulmones a funcionar más rápidamente en anticipación a la actividad física, como por ejemplo salir corriendo o pelearse.

25. **MASAJEARSE LA FRENTE.** Tenemos tendencia a masajearnos la frente cuando nos duele la cabeza, cuando estamos procesando información o cuando tenemos preocupaciones mayores o menores, dudas o ansiedad. Es una conducta tranquilizadora, que nos ayuda a reducir la tensión o la aprensión que estemos experimentando.

26. **SEÑALARSE LA FRENTE.** Señalarse la frente con un dedo o hacer movimientos giratorios con el dedo señalándonos la frente es un gesto muy insultante: significa que le estamos diciendo a quien nos mira que no sabe lo que dice o hace, que es tonto o que está loco. Es un

gesto que tiene una base cultural y que se suele ver en Alemania, Suiza y Austria —países en los que es muy ofensivo— y algunas veces en los Estados Unidos. Debido a su connotación debería evitarse.

27. **PRESIONARSE LA FRENTE CON LA MANO.** Presionarse la frente con la palma de la mano extendida ayuda a aliviar la tensión provocada por el estrés, las dudas o la inseguridad. Es algo diferente de darse una palmada en la frente. Parece como si la persona estuviera intentando empujarse la cabeza hacia atrás y, como ocurre con muchas otras de estas conductas, se hace para intentar tranquilizarse psicológicamente aplicando presión sobre la piel.

28. **EXPRESIÓN DE DESCONCIERTO.** Se contrae el área que hay entre los ojos, lo cual suele provocar un fruncimiento de las cejas. Es posible que se entrecierren los ojos o que se retire la mirada y, a veces, la cabeza se inclina levemente hacia un lado. Esta expresión facial de desasosiego se puede observar en alguien que está intentando encontrarle el sentido a algo o que se debate internamente por entender algo. Suele estar causada por una *alta carga cognitiva* (hacer un esfuerzo por recordar o por entender algo).

29. **CUBRIRSE LA FRENTE CON UN GORRO O SOMBRERO.** Hay personas que por estrés o por vergüenza se cubren la frente con algún tipo de gorra, gorro, visera o sombrero. Esto se suele ver en niños y adolescentes, aunque en ocasiones también lo hacen los adultos. He observado a muchos conductores hacerlo mientras los multan.

LAS CEJAS

Las cejas se encuentran justo encima de los arcos supraorbitales de las cuencas de los ojos y cumplen diversas funciones. Nos protegen los ojos del polvo, la luz y la humedad, pero también expresan cómo nos sentimos. Desde una edad temprana las cejas marcan las expresiones faciales. Y en muchas culturas, son una preocupación estética: hay que depilarlas, darles forma, teñirlas, resaltarlas, eliminarlas o atenuarlas. Al igual que el resto de nuestra cara, las cejas están controladas por una variedad de músculos (principalmente el corrugador superciliar, pero también los nasales y los elevadores del labio superior y del ala de la nariz), y por lo tanto pueden ser muy expresivas y comunicar exquisitamente nuestros sentimientos.

30. ARQUEAR/MOVIMIENTO RÁPIDO DE LAS CEJAS (FELICES).

Arquear las cejas o hacer un movimiento rápido con ellas expresa ilusión, como puede ser el caso cuando saludamos a un amigo íntimo o al reconocer a alguien que nos resulta agradable. Arqueamos las cejas en un rápido movimiento de menos de un quinto de segundo. Es una conducta que desafía la fuerza de la gravedad, ya que se lleva a cabo haciendo un movimiento hacia arriba y, como en la mayoría de este tipo de movimientos, tiene un significado positivo. A los bebés de pocos meses ya se les ilumina el rostro al ver a su madre hacer este rápido movimiento de cejas. He aquí una conducta que deja muy claro a los demás que nos importan y que nos alegramos de verlos. Un rápido movimiento de las cejas puede ser enormemente útil y potente en situaciones comunes que se dan a diario en casa o en el trabajo.

31. SALUDAR CON LAS CEJAS.

Al reconocer a alguien conocido hacemos un rápido movimiento de cejas, si en ese momento no podemos hablar, o simplemente para reconocer su presencia, acompañando este gesto con una sonrisa, o no, dependiendo de las circunstancias. Y enseguida nos damos cuenta de si nos devuelven el gesto de saludo o no, por ejemplo cuando entramos en una tienda y el empleado no hace ningún esfuerzo por establecer ningún tipo de contacto visual. Con un simple movimiento rápido de elevar las cejas podemos comunicarle a alguien que lo valoramos, aunque estemos ocupados en ese momento.

32. ARQUEAR LAS CEJAS (CON TENSIÓN). Esto ocurre cuando una persona se encuentra con una sorpresa desagradable o sufre un *shock*. Esto, al darse junto con otras conductas tales como la tensión facial o la compresión de los labios, puede comunicarnos que alguien está experimentando algo muy negativo. Lo que diferencia esta conducta de la de saludar con las cejas descrita anteriormente es que la tensión de los músculos implicados se mantiene durante varios segundos más.

33. ARQUEAR LAS CEJAS (CON LA BARBILLA HACIA EL CUELLO). Arqueamos las cejas con la boca cerrada y la barbilla hacia el cuello cuando oímos algo que inmediatamente cuestionamos o de lo que nos sorprende enterarnos. Cuando nos encontramos ante una situación embarazosa, también empleamos esta misma conducta, como diciendo: «He oído eso y no me ha gustado». Es una mirada que con frecuencia suelen echar los profesores a los alumnos que se están comportando mal.

34. CEJAS ASIMÉTRICAS. Es una señal que la gente utiliza cuando tiene dudas o incertidumbres. Una ceja se arquea hacia arriba, mientras que la otra permanece en la posición normal o se hunde más abajo. La asimetría indica que la persona está cuestionando lo que se está diciendo o dudando de ello. El actor Jack Nicholson es famoso por utilizar este método para cuestionar lo que otros dicen, dentro y fuera de la pantalla.

35. FRUNCIR O ESTRECHAR EL CEÑO. El área entre los ojos y justo encima de la nariz se llama *glabela*, y cuando la glabela se estrecha o se frunce, generalmente significa que hay un problema, una preocupación o una aversión. Este signo universal puede ocurrir muy rápidamente y, por lo tanto, puede ser difícil de detectar; pero es un reflejo exacto de lo que la persona está sintiendo. Algunos fruncen el ceño cuando escuchan algo preocupante o tratan de entender lo que se les está diciendo. Este sentimiento se comunica con el emoticono > <.

LOS OJOS

Nuestros ojos son la ventana visual al mundo que nos rodea. Desde el momento en que nacemos, buscamos información en caras familiares, movimiento o novedad, color, sombreado, simetría, y siempre en busca de lo estéticamente agradable. Nuestra corteza visual, que es grande en comparación con el resto del cerebro, busca la novedad y experiencias nuevas. Nuestros ojos muestran amor y pasión, así como miedo y desdén. Una mirada acogedora o dichosa puede alegrarnos el día. Pero los ojos también pueden hacernos saber que algo anda mal, que hay preocupaciones o inquietudes. La mirada puede dominar una habitación o esconderse entre una multitud de extraños.

Nos adornamos los ojos para atraer y desviamos la mirada para evitar captar la atención. Suelen ser lo primero que notamos en los demás, y por eso, cuando nace un bebé, pasamos tanto tiempo mirándolo a los ojos. Tal vez porque realmente los ojos son la ventana del alma.

36. **DILATACIÓN DE LAS PUPILAS.** Cuando nos sentimos cómodos con algo o alguien, o nos gusta, se nos dilatan las pupilas. Es algo sobre lo cual no tenemos ningún control. Cuando las parejas se sienten cómodas, sus pupilas se dilatan mientras sus ojos tratan de absorber tanta luz como sea posible. Por eso, los restaurantes con poca luz son un buen lugar de encuentro, ya que suaviza naturalmente los ojos y agranda las pupilas: un efecto que nos hace relajarnos aún más en compañía de otros.

37. **CONTRACCIÓN DE LAS PUPILAS.** Cuando vemos algo que no nos gusta o experimentamos emociones negativas, se nos contraen las pupilas. La contracción de las pupilas se detecta más fácilmente en los ojos claros. Unas pupilas que de repente se contraen hasta ser un puntito sugieren que acaba de ocurrir algo negativo. Curiosamente, nuestro cerebro gobierna esta actividad para asegurarse de que nuestros ojos enfoquen bien en momentos de malestar, ya que una apertura menor aumenta la claridad de la imagen. Y este es el motivo por el que al entrecerrar los ojos enfocamos mejor.

38. **OJOS RELAJADOS.** Unos ojos relajados son señal de comodidad y confianza. Cuando estamos sosegados, los músculos que hay alrededor de los ojos, la frente y las mejillas se relajan. Pero en el momento en que nos estresamos o algo nos molesta, se ponen tensos. Los bebés suelen demostrar esto muy llamativamente, cuando los músculos faciales se les contraen de repente justo antes de ponerse a llorar. Al tratar de interpretar cualquier comportamiento del lenguaje corporal, siempre hay que fijarse en los ojos para ver si hay congruencia. Si las órbitas (cuencas de los ojos) se ven relajadas, es probable que todo vaya bien. Si de repente hay tensión alrededor de los ojos o se entrecierran, eso significa que la persona está enfocando la mirada en algo, o bien puede estar estresada. Los músculos de los ojos y el tejido circundante reaccionan a los factores estresantes mucho más rápidamente que otros músculos faciales, ofreciendo una visión casi inmediata del estado mental de una persona.

39. **ESTRECHAMIENTO DE LAS CUENCAS DE LOS OJOS.** Cuando nos sentimos estresados, molestos, amenazados o con alguna otra emoción negativa, las órbitas de los ojos se estrechan debido a la contracción de los músculos subyacentes. El cerebro inmediatamente hace que las órbitas sean más pequeñas en respuesta a la aprensión, preocupación o duda. Es un buen indicador de que hay un problema o de que algo anda mal.

40. **TEMBLOR BAJO LOS OJOS.** Los pequeños músculos que se encuentran justo debajo de los ojos (la parte inferior del orbicular de los ojos) y justo encima de los pómulos, así como el tejido circundante, pueden ser muy sensibles al estrés. Cuando hay preocupación, ansiedad o miedo, estas áreas blandas tiemblan o se mueven, revelando el verdadero estado emocional de la persona.

41. **FRECUENCIA DEL PARPADEO.** Las frecuencias del parpadeo pueden variar dependiendo del ambiente y de la cantidad de estrés o excitación que se esté experimentando. Cada individuo es diferente, pero una frecuencia típica oscila entre dieciséis y veinte parpadeos por minuto, dependiendo de las condiciones de iluminación y la humedad. Cuando estamos mirando al ordenador, parpadeamos menos (lo cual produce mucha sequedad o infecciones en los ojos, ya que las lágrimas tienen propiedades antibacterianas), mientras que quienes trabajan donde hay polvo o polen parpadean más. Además, hay que tener en cuenta que el uso de lentes de contacto puede aumentar la frecuencia con la que parpadeamos. Cuando estamos cerca de alguien que nos excita, nuestro índice de parpadeo también tiende a aumentar.

42. **PARPADEO RÁPIDO.** Los individuos que están nerviosos, tensos o estresados generalmente parpadean más rápido que las que no lo están. El parpadeo rápido se asocia erróneamente con el engaño. Es solo indicativo

de estrés u otros factores mencionados anteriormente, ya que incluso las personas honradas parpadean con más frecuencia cuando se las interroga agresivamente.

43. CONTACTO VISUAL. El contacto visual se rige por normas culturales y preferencias personales. En algunas culturas se admite mirar a alguien durante tres o cuatro segundos, mientras que en otras se considera grosero mirar más allá de dos segundos. La cultura también determina quién puede mirar a quién. Incluso en los Estados Unidos, el contacto visual está determinado por el área de tu país de procedencia. En la ciudad de Nueva York, mirar a alguien durante más de un segundo y medio puede percibirse como una afrenta. Los grupos étnicos y culturales particulares tienen sus propias normas. Por ejemplo, a muchos niños afroamericanos e hispanos se les enseña a bajar la vista, como una forma de respeto, cuando se dirige a ellos una persona mayor.

44. EVITAR LA MIRADA. Evitamos el contacto visual cuando es inconveniente hablar con alguien o cuando encontramos a una persona desagradable, molesta o represiva. En la prisión, por ejemplo, los reclusos evitarán el contacto visual con sus guardianes o con otros reclusos que se sabe que son agresivos. Evitar la mirada de otros puede ser un acto pasajero o un acto duradero. Como algo momentáneo o pasajero, la gente puede apartar los ojos cuando alguien hace algo vergonzoso. Y en los Estados Unidos, a diferencia de otras partes del mundo, cuando estamos cerca, como en un ascensor, tendemos a evitar el contacto visual con extraños e incluso con aquellos que conocemos, especialmente si hay extraños presentes. Evitar mirar a los ojos no es indicativo de engaño, pero puede indicar pudor o vergüenza.

45. SUPERIORIDAD EN LA MIRADA. En todo el mundo, los estudios han demostrado que las personas de alto estatus tienen más contacto visual, tanto al hablar como al escuchar. Las menos poderosas tienden a hacer más contacto visual con estos individuos de más alto estatus mientras escuchan, pero menos mientras hablan. En Japón, así como en otros países de Asia y el Pacífico, esto es aún más evidente. Por cierto, tendemos a favorecer a quienes hacen contacto visual directo con nosotros, especialmente si son de mayor estatus. El contacto visual de individuos de alto estatus social, estrellas de cine, por ejemplo, hace que nos sintamos privilegiados.

46. BUSCAR CONTACTO VISUAL. Cuando estamos interesados en iniciar una conversación, ya sea en un ambiente social o de citas, escaneamos activamente nuestro alrededor hasta que hacemos un contacto visual que dice: «Estoy aquí; por favor, habla conmigo».

47. LOS SENTIMIENTOS Y LA MIRADA. En cualquier lugar del mundo, todos aquellos que estudian los indicios no verbales en las citas y en las relaciones sentimentales han notado que a menudo la primera pista de que los sentimientos de una persona por otra han cambiado es la forma en que se miran el uno al otro. Mucho antes de que se intercambien palabras, la mirada de creciente interés telegrafía que la relación está cambiando de amistosa a más íntima. Cómo Julie Andrews (María) comenzó a cambiar la forma en que miraba a Christopher Plummer (capitán Von Trapp) en la película *Sonrisas y lágrimas* o cómo Emma Stone (Mia) cambió la forma en que miraba a Ryan Gosling (Sebastian) en *La La Land* son dos ejemplos emblemáticos de cómo varía nuestra forma de mirar al otro, reflejando la transformación que se ha producido en nuestros sentimientos antes de que nuestras palabras lo comuniquen. Esto es tan cierto en la vida real como en las películas.

48. **MIRARSE A LOS OJOS.** Cuando nos miramos a los ojos nuestra intención es captar la atención del otro de una manera cálida o romántica. Para lograr la conexión es fundamental transmitir ternura, no solo a través de la mirada sino con todo el rostro. La mayoría de las veces vemos esto en el contexto del cortejo, donde le permite a la otra persona saber que uno está interesado en un mayor contacto o proximidad. He visto a extraños mirándose a través de extensos espacios, comunicando su anhelo.

49. **MIRAR EN CONTRASTE CON OBSERVAR FIJAMENTE.**
Hay una gran diferencia entre mirar a alguien y observarlo fijamente. Observar fijamente tiende a ser más impersonal, distante o confrontador, lo que indica que encontramos a alguien sospechoso, alarmante o extraño. Por el contrario, la mirada nos indica que nos sentimos cómodos con alguien, un comportamiento mucho más acogedor o receptivo. Cuando observamos fijamente, estamos alerta; cuando miramos, mostramos interés o que estamos receptivos. Mirar fijamente puede hacer que quien es observado se sienta molesto, que le ofenda, sobre todo en espacios reducidos como el autobús o el metro.

50. **OJOS CERRADOS.** Durante una reunión, alguien que tiene los ojos cerrados y que tarda mucho tiempo en abrirlos o que de repente los cierra y los mantiene así durante más tiempo de lo habitual es probable que tenga algún problema. Es un comportamiento de bloqueo que revela aversión, preocupación, incredulidad o ansiedad: algún tipo de incomodidad psicológica. Tardar mucho en abrir los ojos revela una profunda preocupación. Por el contrario, en un ambiente íntimo, los ojos cerrados dicen: «Confío en ti, estoy bloqueando todo lo demás y estoy centrado en esto con todos mis sentidos». Cabe destacar que incluso los niños que nacen ciegos se tapan los ojos cuando oyen algo que no les gusta o que les preocupa.

51. **CERRAR LOS OJOS PARA ENFATIZAR ALGO.** A menudo, cuando queremos enfatizar algo o mostrar que estamos de acuerdo, cerramos los ojos brevemente. Es una manera de afirmar lo que se dice. Sin embargo, como ocurre con todos los comportamientos, el contexto es clave para asegurar que no sea un reflejo de desacuerdo.

52. **TAPARSE LOS OJOS.** Taparse repentinamente los ojos con la mano o los dedos es un comportamiento de bloqueo asociado con un acontecimiento negativo, como la revelación de malas noticias o información amenazante. También indica emociones negativas, preocupación o falta de confianza. Asimismo, se puede observar en personas que han sido sorprendidas haciendo algo malo. Como señalé anteriormente, los niños que han nacido ciegos también lo hacen, aunque no saben explicar por qué; claramente este comportamiento tiene una antigua base evolutiva.

53. **FROTARSE EL PUENTE DE LA NARIZ CON LOS OJOS CERRADOS.** Las personas que cierran los ojos y se frotan el puente de la nariz al mismo tiempo transmiten que están preocupadas o inquietas. Esto es tanto un comportamiento de bloqueo como un gesto apaciguador, que suele estar asociado con emociones negativas, disgusto, inseguridades, preocupación o ansiedad.

54. LLORAR. El llanto sirve para una variedad de propósitos personales y sociales, sobre todo para proporcionar una liberación emocional catártica. Desafortunadamente, los niños también aprenden rápidamente que el llanto puede ser usado como una herramienta para manipular, y algunos adultos no dudan en emplearlo de manera similar. Al observar el comportamiento de una persona, no se le debe dar más peso al llanto que a otras señales de que está pasando por momentos difíciles. El llanto, si ocurre con gran frecuencia, también puede indicarnos que alguien está clínicamente deprimido o tiene problemas psicológicos.

55. AGARRARSE A ALGO MIENTRAS SE LLORA. Los individuos que lloran mientras se agarran del cuello, el collar o el cuello de la camisa probablemente están sufriendo emociones negativas más serias que una persona que simplemente llora sin más.

56. MOVIMIENTO OCULAR. Los ojos que se mueven febrilmente de un lado a otro suelen indicar procesamiento de información negativa, dudas, ansiedad, miedo o preocupación. Utiliza este comportamiento junto con otra información, como la tensión facial o meter la barbilla (ver n.º 184), para obtener una valoración más precisa. Observa cómo algunas personas lo hacen mientras analizan una situación, consideran opciones o piensan en soluciones. Este comportamiento por sí solo no es en sí mismo indicativo de engaño.

57. INDICIOS SOBRE LA ACCESIBILIDAD DE LA MIRADA. A medida que procesamos un pensamiento, una emoción o una pregunta que se nos plantea, tendemos a mirar lateralmente, hacia abajo o hacia arriba y hacia un lado. Esto se conoce como *movimiento ocular lateral conjugado* en la literatura científica. Durante décadas se ha dado por cierto el mito, ahora suficientemente desacreditado por más de veinte estudios, de que una persona que mira hacia otro lado o a un lado mientras responde a una pregunta está mintiendo. Todo lo que podemos afirmar es que cuando alguien mira en cierta dirección mientras procesa una pregunta o mientras la contesta, es que está pensando; pero no es en sí mismo indicativo de engaño.

58. PARPADEAR. Un parpadeo repentino sugiere que algo anda mal o que una persona está teniendo dificultades con algo (piensa en el actor Hugh Grant, a quien a menudo se lo ve parpadear en la pantalla cuando tiene problemas o ha estropeado algo). La gente con frecuencia parpadea cuando le cuesta encontrar la palabra correcta o cuando no puede creerse lo que acaba de oír o presenciar: la incredulidad se manifiesta a menudo con un parpadeo.

59. SEÑALARSE EL OJO. En algunas culturas, ponerse el dedo índice justo debajo de un ojo comunica duda o sospecha. Pero muchas personas de diferentes culturas también lo hacen inconscientemente mediante un movimiento de rascarse ligeramente mientras reflexionan o cuestionan algo que se está diciendo. Si viajas al extranjero, pregunta a los locales si este gesto significa algo concreto. En Rumanía me dijeron que el dedo bajo el ojo era una señal que se usaba a menudo para comunicar: «Ten cuidado, no confiamos en todos los que están escuchándonos».

60. SEÑALARSE EL OJO CONJUNTAMENTE CON OTROS GESTOS. Señalarse con el dedo índice justo debajo del ojo (ver n.º 59), si se presenta junto con un arqueamiento de las cejas y unos labios comprimidos, transmite simultáneamente duda, desconcierto o incredulidad. Esto resulta muy acertado sobre todo cuando la barbilla se mete en lugar de sobresalir.

61. GIRAR LOS OJOS HACIA ARRIBA. Girar los ojos hacia arriba transmite desprecio, desacuerdo o aversión. Los niños a menudo se lo hacen a sus padres para comunicarles su oposición o rebeldía. En un entorno profesional este gesto estaría fuera de lugar.

62. TOCARSE EL PÁRPADO. Tocarse el párpado puede ser una forma de bloqueo ocular acompañado de alivio de la tensión. A menudo, cuando la gente dice algo que no debería, las personas cercanas se tocan o se rascan el párpado cerrado, lo que es un buen indicador de que se ha dicho algo inapropiado. Esto se ve a menudo en los políticos cuando uno se equivoca y otro se da cuenta.

63. OJOS FATIGADOS. Normalmente, la primera manifestación de fatiga se observa en los ojos. Los ojos y el área a su alrededor se ven tensos, hinchados, cansados e incluso descoloridos. Esto puede deberse a largas horas de trabajo o a factores externos, como el estrés o el llanto.

64. MIRADA DISTANTE. Cuando uno está solo, o incluso en una conversación con otros, tener la mirada fija en la distancia, evitando las distracciones, permite a algunas personas pensar o contemplar mejor una idea. Esta puede ser una señal de que no se debe interrumpir a alguien cuando se encuentra profundamente inmerso en sus pensamientos o recuerdos.

65. OJOS VIDRIOSOS. Hay un sinnúmero de motivos que pueden hacer que los ojos tengan un aspecto vidrioso, incluyendo drogas como la marihuana y el alcohol, así como sustancias más peligrosas. Al tratar de evaluar si una persona está bajo la influencia de drogas o alcohol, el observador deberá tener en cuenta otros comportamientos, como la dificultad para hablar o la lentitud para responder.

66. MIRAR DE REOJO. A menudo la persona mira con recelo (de lado) para mostrar sus dudas, su renuencia a comprometerse, su indiferencia, su desconfianza o incluso su desprecio. Es una mirada universal que refleja incredulidad, preocupación o desconfianza.

67. ELEVAR LA MIRADA AL CIELO O AL TECHO. A menudo vemos esta dramática mirada al cielo, con la cabeza inclinada hacia atrás, cuando de repente las cosas parecen imposibles o una persona ha tenido una racha de mala suerte. Esto lo vemos en los deportes, como cuando un golfista pierde un *putt*. Es una mirada de incredulidad, como si imploráramos a alguien en lo alto, en los cielos, que nos ayude o se apiade de nosotros. Este comportamiento tiene cierta utilidad: el estrés causa tensión en el cuello, que esta postura puede ayudar a aliviar estirando el esternocleidomastoideo.

68. BUSCAR ACEPTACIÓN. Cuando una persona carece de confianza o miente, tiende a escudriñar a su interlocutor, examinando su rostro para ver si está creyendo lo que le dice. Este comportamiento no es necesariamente demostrativo de engaño, sino de buscar la aceptación de lo que se dice. Una regla empírica: el narrador simplemente transmite, mientras que el mentiroso a menudo trata de convencer.

69. **ENTORNAR LOS PÁRPADOS.** Esto es diferente de evitar la mirada del otro, cuando el individuo no rompe el contacto visual, sino que muestra deferencia, compasión, humildad o contrición al bajar ligeramente los ojos para que el contacto visual no sea directo o intenso. Esto se basa a menudo en la cultura, y lo vemos con frecuencia en los niños a los que se les enseña a no mirar fijamente a los ojos a sus mayores o a las figuras de autoridad cuando se los reprende. A los niños afroamericanos y latinos a menudo se les enseña a bajar la vista en señal de respeto, lo cual no debe confundirse en ningún caso con la intención de engañar. En Japón es grosero mirar fijamente a los ojos de una persona que se conoce por primera vez; como mínimo, se deben entornar los párpados por deferencia social.

70. **MIRADA TRISTE.** Cuando los párpados superiores están caídos y parecen no tener energía, los ojos se ven tristes, abatidos o deprimidos. Sin embargo, el aspecto puede ser similar al de los párpados caídos por la fatiga.

71. **APARTAR LA MIRADA.** Que una persona aparte la mirada durante una conversación es algo que hay que considerar en su contexto. Cuando uno se siente cómodo psicológicamente, como cuando habla con sus amigos, puede sentirse lo suficientemente relajado como para mirar hacia otro lado mientras relata una historia o recuerda algo del pasado. Muchos individuos encuentran

que mirar hacia otro lado los ayuda a recordar detalles. Mirar hacia otro lado no es una indicación de engaño o mentira.

72. MIRAR LARGAMENTE. Durante una conversación, el silencio suele ir acompañado de una larga mirada. Puede estar dirigida a una persona o a algo en la distancia; simplemente indica que se está pensando profundamente o procesando información.

73. ENTRECERRAR LOS OJOS. Entrecerrar los ojos es una manera fácil de manifestar desagrado o preocupación, especialmente cuando escuchamos o vemos algo que no nos gusta. Algunas personas entrecierran los ojos cada vez que oyen algo que les molesta, lo que hace que sea un reflejo fiel de sus sentimientos. Pero hay que tener en cuenta que también entrecerramos los ojos cuando simplemente nos centramos en algo o tratamos de darle sentido a algo que hemos escuchado, por lo que el contexto es crucial para interpretar este comportamiento.

74. ENTRECERRAR LOS OJOS (LIGERAMENTE). A menudo, cuando estamos aplacando la ira, entrecerramos los ojos ligeramente entornando los párpados. Este comportamiento debe considerarse en contexto, al igual que ocurre con otros gestos, como la tensión facial o, en circunstancias extremas, cerrar los puños.

75. **CLAVAR LA MIRADA AGRESIVAMENTE.** Una mirada puede intimidar o servir como preludio de un altercado. La agresión se evidencia a través de una mirada clavada como un láser en los ojos del otro, sin intentar apartar la vista y ni siquiera parpadear. Curiosamente, otros primates también adoptan este comportamiento ante conductas que no son toleradas o cuando está a punto de producirse una confrontación física.

76. **MIRADA IRACUNDA.** El enojo suele manifestarse mediante una constelación de señales faciales que comienzan con el característico estrechamiento de los ojos cerca de la nariz (así: > <), junto con una nariz arrugada o dilatada y, a veces, comprimiendo los labios y enseñando los dientes apretados.

77. **AGRANDAMIENTO DE LOS OJOS (RÍGIDOS).** Los ojos que permanecen abiertos generalmente indican estrés, sorpresa, miedo o un problema significativo. Si los ojos permanecen rígidamente abiertos durante más tiempo de lo normal, claramente significa que ocurre algo malo. La causa suele ser algún estímulo externo.

78. **MAQUILLARSE LOS OJOS.** Desde los tiempos de las pirámides de Egipto, tanto las mujeres como los hombres de todo el mundo han decorado sus ojos, (los párpados, bajo el ojo, los lados del ojo, etc.) con multitud de colores diferentes, con el fin de hacerse estéticamente más

atractivos. Usando tintas, tintes, minerales y aceites, la gente lo ha convertido en parte de sus tradiciones culturales, y se ha transmitido a nuestra sociedad moderna por una razón: porque funciona. Los ojos nos atraen, y más aún cuando están adornados con colores. También nos atraen las pestañas largas y gruesas: algo que la mayoría de las mujeres, pero también algunos hombres, acentúan para resultar más atractivos.

LAS OREJAS

Bonitas, pequeñas, caídas, deformes, grandes, perforadas, adornadas: las orejas resaltan (y, a veces, sobresalen) y cumplen algunas funciones prácticas obvias, desde recoger información a través de las ondas sonoras hasta ayudarnos a disipar el calor. Pero las orejas tienen otras utilidades en las que en ocasiones no se nos ocurre pensar, y es que nos ofrecen una comunicación no verbal significativa. Sabemos por las investigaciones que, en las primeras etapas de una relación, los amantes pasan tiempo estudiando las orejas el uno del otro, la forma que tienen, lo cálidas que son, el modo en que responden al toque humano e incluso a las emociones. Las orejas comunican mucho más de lo que pensamos, y de maneras que pueden ser bastante sorprendentes.

79. **TIRARSE DEL LÓBULO DE LA OREJA O FROTÁRSELO.**
Tirarse del lóbulo de la oreja o frotárselo tiende a tener
un efecto sutil y relajante cuando estamos estresados o
simplemente contemplando algo. Frotarse el lóbulo de
la oreja también se puede asociar con la duda, la vacilación o la ponderación de distintas alternativas. En algunas culturas significa que una persona tiene reservas o
no está segura de lo que se está diciendo. El actor Hum-
phrey Bogart era conocido por jugar con el lóbulo de
su oreja mientras reflexionaba sobre alguna pregunta.

80. **ENROJECIMIENTO DE LAS OREJAS.** El enrojecimiento
súbito y evidente de la piel de las orejas, al igual que en
otras partes del cuerpo (cara, cuello), puede ser causado por la ira, la vergüenza, los cambios hormonales, las
reacciones a medicamentos o la excitación autónoma
causada por el miedo o la ansiedad. La piel que cubre
la oreja se torna rosada, roja o violácea. La piel también
puede notarse caliente al tacto. El solo hecho de que se
viole el espacio personal puede causar esta reacción. La
mayoría de las personas no tienen control sobre el enrojecimiento de la piel (hiperemia) y para algunas resulta
muy embarazoso.

81. **ACERCAR EL OÍDO.** Volverse o inclinarse hacia el interlocutor para escuchar mejor lo que dice indica que
estamos escuchando atentamente, que queremos que
se repita algo o que tenemos problemas de audición.

A este movimiento puede añadirse el gesto de colocarse la mano formando un cuenco detrás de la oreja para recoger mejor el sonido. En las citas, el ambiente se hace más íntimo cuando permitimos que alguien que nos gusta aproxime su boca a nuestro oído, sobre todo cuando hacemos el gesto de acercarlo hacia esa persona.

82. **ESCUCHAR.** La escucha activa es un elemento esencial no verbal tanto en el ámbito profesional como en el personal. Comunica que estamos interesados, receptivos o empáticos. Los buenos oyentes ceden su turno, esperan para hablar y son pacientes cuando otros hablan. Para lograr esto, nos aseguramos de que estamos frente a la persona que nos interesa escuchar para que ambos oídos puedan recibir el mensaje.

83. **ADORNARSE LAS OREJAS.** Hay muchas maneras de decorar, deformar, perforar, colorear, tapar o cambiar el aspecto natural de las orejas para que se ajusten a las normas culturales. La ornamentación de las orejas es principalmente cultural y tiene un propósito claro: comunicar el estatus social, la disponibilidad para el cortejo, o la identificación de un grupo. La ornamentación de las orejas a menudo nos da una imagen muy precisa de los antecedentes, ocupación, estatus social, legado o personalidad de un individuo.

84. **OREJAS LESIONADAS.** El calor, las sustancias químicas o los traumatismos pueden lesionar el cartílago y los tejidos de la oreja. Los jugadores de *rugby*, luchadores y yudocas son propensos a sufrir este tipo de daños, que en el ámbito anglosajón suelen denominarse «orejas de coliflor».

LA NARIZ

Al nacer, todos los mamíferos buscan la leche de la madre usando el olfato, lo cual les permite sobrevivir. A medida que los humanos crecemos y envejecemos, nuestras narices continúan ayudándonos a encontrar los alimentos que nos gustan y a mantenernos seguros, advirtiéndonos de alimentos putrefactos o de olores que pueden resultar nocivos, y a filtrar el aire que entra en nuestros pulmones. En lo que se refiere al romance y la intimidad, la nariz detecta las feromonas, que nos atraen al mismo tiempo que nos ayudan a determinar subconscientemente si nos gusta o no una persona. Podemos perforarnos la nariz o moldearla de alguna manera, en función de las claves culturales, para que sea más delgada, más ancha, menos curvada o más pequeña. Los músculos que la cubren y la rodean son tan sensibles que cuando no nos gusta lo que olemos, inmediatamente se contraen, arrugando la nariz para revelar nuestra repugnancia. La nariz nos ayuda a distinguirnos físicamente de los demás, nos protege de las sustancias químicas y bacterias nocivas y, como se verá, es fundamental a la hora de comunicarnos con quienes nos rodean y comprenderlos.

85. CUBRIRSE LA NARIZ CON LAS DOS MANOS. Cubrirse repentinamente la nariz y la boca con las dos manos está asociado con el *shock*, la sorpresa, la inseguridad, el miedo, la duda o la aprensión. Somos testigos de esto en eventos trágicos como accidentes automovilísticos y desastres naturales, así como cuando alguien recibe noticias horribles. Los psicólogos evolucionistas especulan que este comportamiento puede haber sido adaptado para que los depredadores, como los leones o las hienas, no nos oigan respirar, y es algo que se puede observar universalmente.

86. ARRUGAR LA NARIZ (ASCO). La señal o clave para el asco suele consistir en arrugar la nariz (también conocida como «nariz de conejo»), mientras la piel se contrae junto con el músculo subyacente (el nasal), muy sensible a las emociones negativas. Con frecuencia, este gesto hará que las comisuras de los ojos, cerca de la nariz también se estrechen. Los bebés, comenzando a la edad de aproximadamente tres meses y a veces incluso antes, arrugan la nariz cuando huelen algo que no les gusta. Esta señal de asco permanece con nosotros toda nuestra vida. Cuando olemos, oímos o incluso vemos algo que nos desagrada, nuestro músculo nasal se contrae involuntariamente, revelando nuestros verdaderos sentimientos.

87. ARRUGAR LA NARIZ UNILATERALMENTE. Como se

mencionó anteriormente, arrugar la nariz es un indicador preciso de desagrado o molestia y generalmente se da en ambos lados de la nariz. Sin embargo, hay personas en las que esto se produce solo en un lado de la nariz (unilateralmente). A medida que los músculos de la nariz tiran hacia arriba, arrugando solo un lado, también tienden a tirar del labio superior de ese lado de la cara. Algunas personas lo llaman «el efecto Elvis». Arrugar un lado de la nariz visiblemente significa lo mismo que arrugarla completamente: desagrado.

88. MOVIMIENTO RÁPIDO DE LA NARIZ (CARIBEÑO). Este

comportamiento es algo similar al de arrugar la nariz (ver n.º 86) pero ocurre mucho más rápido, a veces en tan solo cuarenta milisegundos. Cuando una persona mira directamente a alguien, el músculo nasal se contrae rápidamente, arrugando la nariz hacia arriba, pero sin que los ojos se entrecierren, como en el indicio de repugnancia mencionado en el punto anterior. Este comportamiento es un atajo lingüístico que pregunta sin palabras «¿qué está pasando?», «¿qué pasó?» o «¿qué necesitas?». Se da por todo el Caribe, incluyendo Cuba, Puerto Rico y la República Dominicana, y por lo tanto también puede verse en ciudades estadounidenses que tienen grandes poblaciones caribeñas, como Miami y Nueva York. En el Aeropuerto Internacional de Miami, a menudo me saludan en el mostrador de la cafetería con este movimiento nasal, que significa «¿qué puedo servirte?». Si lo ves, quiere decir que puedes pedir lo que vayas a tomar.

89. **LLEVARSE EL ÍNDICE A LA NARIZ.** Colocarse el dedo índice bajo la nariz o a un lado de la nariz durante un rato a veces se asocia con estar pensativo o preocupado por algo. Busca otros indicios que te ayuden a discernir su significado. Este gesto es distinto del de tocarse la nariz levemente (ver n.º 95) o acariciarse la nariz, porque en este caso el dedo simplemente se mantiene cerca de la nariz durante un buen rato.

90. **FROTARSE LA NARIZ.** Este comportamiento distintivo de frotarse la nariz muy ligeramente varias veces con el dedo índice suele asociarse con estrés o incomodidad psicológica, aunque también puede estar presente en alguien que reflexiona sobre algo dudoso o cuestionable.

91. **LEVANTAR LA NARIZ.** Mantener la nariz alta (una inclinación intencional de la cabeza, con la nariz apuntando hacia arriba) indica confianza, superioridad, arrogancia o incluso indignación. Es una muestra cultural, que se ve en algunos países y sociedades más que en otros. Puede indicar superioridad, como cuando una persona de alto rango afirma su posición al comienzo de una reunión. El dictador italiano Mussolini era famoso por esto, al igual que el general francés Charles de Gaulle. En Rusia, los guardias ceremoniales del Kremlin son famosos por este gesto de ir con la nariz hacia arriba.

92. **DARSE TOQUECITOS EN LA NARIZ/SEÑALARSE.** En muchas culturas, darse unos toques en la nariz con el dedo índice puede significar «esto apesta», «no confío en ti», «cuestiono esto» o «te estoy observando muy de cerca». También puede significar «te veo», «eres muy inteligente» o «te reconozco» (Paul Newman y Robert Redford se hacen este gesto el uno al otro en la película *El golpe*).

93. **DILATACIÓN DE LAS ALETAS NASALES.** Por lo general, dilatamos las fosas nasales (las aletas de la nariz) para prepararnos para hacer algo físico. Con frecuencia, cuando alguien se siente molesto o está a punto de ponerse de pie, salir corriendo o actuar violentamente, dilata las fosas nasales al tomar oxígeno. En el trabajo policial puede indicar que una persona está a punto de

huir. Interpersonalmente, es un buen indicador de que uno necesita un momento para calmarse.

94. **JUGUETEAR CON EL *FILTRUM*.** El surco que hay entre el labio superior y la nariz es el *filtrum*. La gente juguetea con él, se tira de él o se lo rascan cuando está estresada, a veces muy enérgicamente. El surco nasal también es revelador en otros sentidos: el sudor tiende a acumularse ahí cuando la persona está estresada. También puede ser que se coloque la lengua encima de los dientes justo por debajo del surco nasal, empujándola hacia fuera. La estimulación de esta zona con la lengua es un gesto tranquilizador fácil de detectar.

95. **ROZARSE LA NARIZ LEVEMENTE.** Rozarse levemente la nariz con el dedo índice indica que se está ocultando la tensión que se siente y que se quiere dar la impresión de que todo va bien. Se suele observar en profesionales que están acostumbrados a tener el control de la situación pero que se encuentran sometidos a estrés. También se ve a menudo en los jugadores de póquer que están tratando de ocultar que no tienen buenas cartas.

96. **INHALAR RÁPIDAMENTE POR LA NARIZ.** Hay muchas personas que, cuando están a punto de dar malas o desagradables noticias, inhalan rápidamente por la nariz, lo suficientemente fuerte como para que se las oiga, justo antes de hablar. Este gesto también se ve mucho cuando

a alguien le hacen una pregunta que le molesta, y en algunos casos antes de mentir. Los pelos y los nervios de la nariz son muy sensibles a la humedad, así como al movimiento del aire y al tacto. La inhalación rápida estimula los pelos y las terminaciones nerviosas conectadas, lo que parece mitigar momentáneamente el estrés de tener que decir o revelar algo que es preocupante.

LA BOCA

La boca es fundamental para comer, respirar, beber y, también, por supuesto, para formar palabras y pronunciarlas. Es extremadamente sensible al tacto y la temperatura, al estar rodeada por más de diez intrincados músculos reflexivos que no solo responden al tacto, sino que también reflejan lo que pensamos y sentimos. Una boca puede ser seductora, triste, alegre o mostrar dolor; y registra con precisión un cambio de emociones que puede ocurrir en un instante. Después de mirar a los ojos en busca de información, es a la boca a donde nos dirigimos en busca de posibles señales sobre lo que pueda estar pasando por la cabeza de una persona.

97. **EXHALACIÓN BREVE Y SONORA.** Esta manera de exhalar el aire, en la que los labios se dejan ligeramente entreabiertos, indica un alto nivel de estrés o frustración. Esta es una conducta que se presenta cuando se oyen malas noticias o cuando uno se enfrenta a una situación difícil, y que ayuda a aliviar el estrés, sobre todo cuando estamos enfadados.

98. **EXHALACIÓN CATÁRTICA.** Exhalar el aire con las mejillas hinchadas y los labios comprimidos indica que se siente o se ha sentido recientemente estrés. Es algo que se observa en personas que acaban de hacer un examen o de pasar una entrevista, o cuando se ha estado muy cerca de sufrir un accidente. Se trata de una exhalación muy audible y más duradera que la del punto anterior.

99. **INHALAR AFIRMANDO.** En algunos países, como en los escandinavos, y en algunas zonas del Reino Unido e Irlanda, es corriente hacer una inhalación sonora y súbita para expresar una afirmación: «sí» o «sí, estoy de acuerdo». Es un atajo lingüístico, ya que evita utilizar las palabras: la persona inhala de una forma suficientemente sonora como para que parezca que le falta el aire. Una vez, en Suecia, tras un breve viaje en coche, al preguntar si habíamos llegado ya, el conductor simplemente contestó con una inhalación afirmativa y nada más.

100. TOMAR AIRE POR LAS COMISURAS DE LA BOCA. Este es un comportamiento que se ve y, a la vez, se oye. Las comisuras de la boca se abren de repente ligeramente y el aire se inhala con rapidez, haciendo un sonido de succión. Tiene una gran fiabilidad en lo que revela: miedo, preocupación o ansiedad. El hecho de que la mayor parte de la boca permanezca cerrada significa que la persona está, prácticamente, restringiendo el movimiento libre de los labios, una acción que sugiere estrés y, en algunos casos, dolor, como cuando alguien te pisa los dedos del pie.

101. CONTENER LA RESPIRACIÓN. Esto es algo que los técnicos expertos en poligrafía conocen bien: cuando una persona está tensa, tiende a contener la respiración para intentar no respirar nerviosamente; muchas veces, incluso hay que decirles que respiren. Contener la respiración es algo que forma parte de la respuesta de quedarse paralizado, lucha o huida. Cuando se observa a alguien controlando o incluso conteniendo la respiración cuando se le hace una pregunta, lo más probable es que esté sintiendo miedo o aprensión.

102. BOCA SECA. El estrés, el miedo y la aprensión pueden provocar sequedad en la boca (el término clínico para este fenómeno es *xerostomía*). Algunos medicamentos, al igual que las drogas ilegales, también pueden causar esta sequedad. Una boca seca no es, como algunos creen, indicativa de engaño. Sin embargo, puede mostrar que alguien está estresado o angustiado.

103. BOLITAS DE SALIVA. Una boca seca debida al estrés, a los medicamentos o a una enfermedad puede hacer que la saliva se reseque y se vuelva grumosa; estos grumos (que a menudo parecen bolitas de algodón) tienden a acumularse en las comisuras de los labios. A veces se ven en ponentes que están nerviosos, y resulta bastante molesto. Cuando uno está nervioso, es un buen hábito limpiarse las comisuras para evitar las bolitas de saliva, y también beber agua.

104. MASTICAR CHICLE. Masticar chicle es algo que funciona bien para apaciguarse. Masticar vigorosamente puede indicar preocupación o ansiedad. Algunas personas, cuando están estresadas, mastican rápidamente, por costumbre, aunque no tengan chicle en la boca.

105. TICS VOCALES. Ponerse a emitir ruidos, chasquidos o gorjeos o aclararse la garganta repentinamente puede resultar alarmante si uno no está familiarizado con el síndrome de Tourette (ST) u otros trastornos que contribuyen a los tics vocales. El estrés y la ansiedad pueden ser los catalizadores de los arrebatos del ST, y no se puede hacer nada más que reconocer que esto está fuera del control de la persona. Tampoco es raro que los brazos se muevan erráticamente. Lo mejor que podemos hacer es decirles a los demás que no se queden mirando, ya que es muy embarazoso para la persona que sufre del ST.

106. MORDERSE LA LENGUA/MASTICAR. Hay personas que se muerden la lengua o la cara interna de las mejillas para calmar los nervios cuando se encuentran estresadas. Es muy evidente en aquellos para quienes se ha convertido en un tic nervioso. La lengua aparecerá herida o incluso ulcerada en algunos lugares. En situaciones de estrés, el comportamiento es, por supuesto, mayor. Desafortunadamente, morderse la lengua y la cara interna de las mejillas, al igual que arrancarse el pelo, puede convertirse en un hábito patológico.

107. ENSANCHAR LA BOCA. Cuando tenemos miedo o nos damos cuenta de que hemos cometido un error, a menudo nos encontramos exponiendo involuntariamente la fila inferior de los dientes, apretados, al tiempo que las comisuras de la boca se estiran mucho hacia abajo y hacia los lados. Esto nos ocurre a menudo cuando de repente nos damos cuenta de que nos hemos olvidado de traer algo importante.

108. BOSTEZAR. Bostezar es un excelente apaciguador, ya que alivia el estrés acumulado al estimular los nervios de la mandíbula, específicamente la articulación temporomandibular. Se ha comprobado recientemente que la rápida aspiración de aire al bostezar enfría la sangre que circula por el paladar y, como un radiador de coche, la sangre que va al cerebro. Bostezar puede indicar que alguien tiene mucho calor o, como a menudo descubrí durante las entrevistas, que la persona entrevistada está muy estresada. Cuando los bebés están demasiado abrigados, también bostezan con mayor frecuencia mientras duermen, porque los ayuda a refrescarse.

109. FUMAR. Las personas que fuman lo hacen con más frecuencia cuando están estresadas. Fíjate en cualquier desviación de la rutina normal de fumar de alguien como evidencia de su nivel de estrés. Puede estar tan estresado que pierde la cuenta de cuántos cigarrillos ha encendido. Fumar en exceso también provoca manchas de tabaco en los dedos y, por supuesto, que les huelan mal las manos.

110. SOBREALIMENTARSE. En situaciones de estrés, algunas personas comen en exceso, y a veces exceden con creces su ingesta normal de alimentos. He visto a gente durante un partido de fútbol consumir grandes cantidades de comida, hasta el punto de vomitar, debido a que su ansiedad por el desempeño de su equipo favorito ha sido transferida a su apetito.

111. LENGUA EN LA MEJILLA. Empujar la lengua firmemente contra una mejilla y mantenerla en ese lugar sirve

para aliviar la tensión. Esto se ve más a menudo en individuos que se enfrentan a un alto nivel de estrés o en aquellos que ocultan información o que tratan de escabullirse de algo. También se puede ver en aquellos que están siendo juguetones o descarados.

112. SACAR LA LENGUA. Cuando la lengua sobresale de repente entre los dientes, a veces sin tocar los labios, significa «me salí con la mía» o «ay, me han pillado». También se ve cuando una persona se da cuenta de que ha cometido un error. La lengua sobresaliente es universal, ya sea que indique que te has salido con la tuya con una gran oportunidad, con una galleta extra o con una nota más alta de lo que esperabas, o con una mentira enorme que se han creído.

113. INSULTAR SACANDO LA LENGUA. En casi todas las culturas, enseñar la lengua se utiliza como un insulto, una muestra de repugnancia o aversión. Los niños lo hacen desde muy pequeños cuando quieren insultarse unos a otros. Los guerreros de las islas del Pacífico, como los maorís, sacan la lengua, estirándola mucho hacia abajo de manera dramática como una forma de intimidar e insultar. Unida a unos ojos muy abiertos, una lengua que sobresale puede ser bastante intimidante, y todavía se usa hoy en día en las ceremonias *haka* de los maorís.

114. **ASOMAR LA LENGUA.** A menudo, mientras se realiza una tarea compleja, las personas sacan un poco la lengua, normalmente hacia un lado o hacia el otro, o la colocan sobre el labio inferior. Yo tenía un contable que lo hacía cuando tecleaba los números en una calculadora, y lo veo todo el tiempo en la universidad cuando los alumnos hacen exámenes. Esta colocación de la lengua cumple dos funciones: nos apacigua, al mismo tiempo que comunica a los demás que estamos ocupados y que no se nos debe molestar. Michael Jordan lo hacía cuando jugaba al baloncesto; asomaba un poco la lengua justo antes de marcar.

115. **PRESIONAR LA LENGUA CONTRA EL PALADAR.** Algunas personas, cuando están haciendo algo que les cuesta trabajo, a veces aprietan la lengua contra el paladar. Se observa en quienes están haciendo un examen o rellenando una solicitud o formulario, después de fallar un tiro de baloncesto o cuando se necesita consuelo psicológico. Por lo general, la boca se deja ligeramente abierta, lo que permite a los observadores ver al menos parcialmente la lengua.

116. **LAMERSE LOS DIENTES CON LA LENGUA.** Igual que ocurre con el gesto de chuparse los labios (ver n.º 145), nos pasamos la lengua por los dientes cuando tenemos la boca seca, lo cual normalmente ocurre cuando estamos nerviosos, con ansiedad o con miedo. Pasarse

la lengua por los dientes o por las encías es un gesto universal que cumple la función de calmar el estrés, así como una posible señal de deshidratación. A veces se hace con la boca cerrada, pero aun así puede apreciarse cómo la lengua pasa sobre los dientes bajo los labios.

117. **MOVER LA LENGUA RÁPIDAMENTE.** Para aliviar el estrés, algunas personas mueven rápidamente la lengua de una comisura a otra (se nota a través de las mejillas) en un estado de nerviosismo o de preocupación expectante. Por lo general creen que no se les nota o que los demás no saben lo que significa este gesto.

118. **GOLPEAR LAS UÑAS CONTRA LOS DIENTES.** Golpear la uña del pulgar contra los dientes libera tensión. Quienes hacen esto repetidamente están tratando de calmarse a sí mismos porque están ansiosos por algo. Sin embargo, al igual que ocurre con todos los gestos repetitivos, hay que tener en cuenta que en las personas que lo hacen todo el tiempo hay que ignorarlo, porque en tal caso, para esa persona determinada, eso constituye su «norma» y, en cambio, lo que puede ser más significativo es que deje de hacerlo.

119. **ENSEÑAR LOS DIENTES.** A veces hay individuos que de repente estiran los labios, en una especie de sonrisa, y mantienen esa posición mostrando los dientes apretados. Este es un legado de «sonrisa de miedo» muy

similar a lo que hacen los chimpancés cuando tienen miedo o temen a un macho dominante. Los humanos tendemos a mostrar los dientes de esta manera cuando nos sorprenden haciendo algo que no deberíamos estar haciendo. Este comportamiento puede ir acompañado de un arqueamiento simultáneo de las cejas, dependiendo de las circunstancias.

120. CASTAÑEAR LOS DIENTES. Algunas personas, cuando están estresadas, aburridas o frustradas, mueven la mandíbula ligeramente y golpean los caninos entre sí, más por un lado de la boca que por el otro. Esto envía señales repetitivas al cerebro que las ayudan a calmarse.

121. TONO DE VOZ. El tono de nuestra voz puede hacer que los demás se sientan cómodos o, por el contrario, intimidados. Podemos usar el tono de nuestra voz para modificar o mejorar la forma en que se nos percibe. Puedes resultar agradable, dulce, amable, cariñoso y bien informado, dependiendo de tu tono de voz o, por el contrario, sospechoso, indignado o arrogante. El tono de voz importa mucho. Irónicamente, si quieres llamar la atención de la gente, bajar el tono de voz funcionará mejor. Una voz baja también resulta tranquilizadora, como han podido confirmar muchos padres al acostar a sus hijos.

122. **ELEVAR LA VOZ.** Cuando estamos nerviosos, tendemos a elevar el tono de voz. Presta atención a las voces que se elevan o se quiebran cuando una persona está estresada, nerviosa o insegura. Esto ocurre por la tensión de las cuerdas vocales.

123. **ENTONACIÓN ASCENDENTE.** La entonación ascendente es aquella en la que se da una inflexión ascendente al tono de voz al final de una oración declarativa, como si fuera una pregunta. Los estudios muestran que incluso una sola conversación telefónica puede tener un impacto negativo en la impresión que el oyente tiene del hablante. Aunque esta entonación ascendente resulta ahora muy popular entre los jóvenes, los hace parecer tímidos y faltos de confianza.

124. **TARTAMUDEAR.** Algunos individuos tartamudean patológicamente (repitiendo sílabas al intentar hablar). Para algunos puede ser bastante debilitante, como en el caso del rey Jorge VI de Inglaterra, representado por Colin Firth en la película *El discurso del rey*, de 2010. Para muchos de nosotros que no tartamudeamos patológicamente, un alto grado de estrés o ansiedad puede hacernos tartamudear o trabarnos temporalmente.

125. **DEMORA EN LA RESPUESTA.** Muchos creen erróneamente que una demora en la respuesta de una pregunta indica que una persona está mintiendo o está ganando

tiempo en un intento de dar una respuesta creíble. Sin embargo, tanto quienes son honrados como quienes no lo son pueden demorar una respuesta, pero por razones diferentes. De hecho, los culpables pueden tener que pensar en qué decir, mientras que los inocentes pueden estar pensando en la mejor manera de decirlo. Según mi experiencia, una demora en la respuesta debería hacernos tomar nota, pero no es indicativa de engaño. En algunas culturas, por ejemplo entre muchos nativos americanos, un retraso en la respuesta no es inusual ya que la persona estaría contemplando la complejidad y el matiz de una pregunta. El estrés o la fatiga también pueden hacer que nos demoremos en responder, al igual que un interrogatorio formal debido a la seriedad de la audiencia.

126. MANTENER EL SILENCIO. Un silencio prolongado, o incluso una «pausa cargada de sentido», puede decir mucho. A veces, cuando no podemos recordar cierta información o estamos reflexionando sobre algo, el silencio es involuntario. Pero en otras ocasiones es muy intencionado, como cuando un negociador calla temporalmente para conseguir que la otra parte llene el vacío. Se puede usar el silencio para comunicar que el individuo está reflexionando, recordando, considerando o procesando, o que no sabe cómo reaccionar. Los grandes actores lo utilizan con eficacia, al igual que los entrevistadores.

127. **RESPUESTA DE SILENCIO Y QUEDARSE PARALIZADO.**
Cuando una persona de repente se queda en silencio y
deja de moverse o se pone a respirar de una forma diferente al oír o ver algo, nos debe llamar la atención. Esta
es una respuesta a algo negativo que le conmociona o le
hace reevaluar lo que sabe o cree.

128. **DISCUTIR INTERRUMPIENDO.** Discutir con el único
propósito de interrumpir una reunión o una conversación es una técnica que se utiliza a menudo para evitar
que se continúe hablando de lo que se está hablando.
Es la interrupción repetitiva, no las palabras emplea-
das, lo que constituye la conducta no verbal que distrae
u hostiga. La técnica no fomenta una conversación ni
proporciona claridad, sino que tiene la clara intención
de molestar, intimidar o de alguna forma manipular el
estado emocional de una persona. He visto esto muchas
veces en las reuniones sindicales cuando los miembros
interrumpen a un orador.

129. **EXPRESIONES CATÁRTICAS.** En esta forma de exhalación catártica, nos acercamos a decir una palabra,
pero sin llegar a hacerlo. Se emite un «ohhhhh», un
«voooo» o un «fuuuuh» pero nunca se completa una
palabra. Estos se consideran gestos no verbales porque
las palabras reales no se pronuncian, aunque a menudo podemos intuir su significado. Con frecuencia
estas expresiones no tienen sentido, sobre todo para

los extranjeros, pero nos ayudan a aliviar el estrés sin ofender a nadie.

130. VELOCIDAD DEL HABLA. La rapidez con la que hablamos es un indicador no verbal clave. En algunas partes de América la gente habla muy despacio y deliberadamente, mientras que en otras el habla es rápida y corta. Estos estilos comunican algo sobre la personalidad de los oradores: de dónde son, su nivel cultural y muchos más elementos. Los cambios en la velocidad normal del habla de una persona pueden indicar estrés o renuencia a responder a una pregunta delicada.

131. HABLAR INCESANTEMENTE. Todos hemos conocido a gente que no para de hablar. Pueden simplemente estar nerviosos, o pueden ser desconsiderados con los demás y centrarse solo en sí mismos. El contexto es clave. Después de un accidente, una persona podría divagar, hablar sin parar. Esto es causado por el *shock*. Pero en una fiesta, alguien que te habla sin parar te hace saber que hay un invitado que le resulta más interesante que tú: él mismo.

132. HABLAR INCONGRUENTEMENTE. Tras un accidente o un evento trágico, puede ser que una persona se ponga a hablar de forma incongruente, como consecuencia del *shock* y el desbordamiento emocional del cerebro. Dependiendo de las circunstancias, del acontecimiento o tragedia que haya ocurrido, esta reacción puede durar horas o, incluso, días, como se ha observado en los soldados y refugiados en las zonas de combate.

133. REPETICIÓN DE PALABRAS. En situaciones de mucho estrés, puede ocurrir que un individuo repita ciertas palabras una y otra vez de forma absurda. Es posible que esté intentando, sin conseguirlo, decir algo más. Es como si estuviera atrapado en un bucle. Una vez oí a una víctima golpeada por un vehículo pronunciar la palabra *metal* una y otra vez, con una mirada de miedo en su cara: eso era todo lo que podía decir.

134. VELOCIDAD DE RESPUESTA. Hay personas que se toman su tiempo para responder a una pregunta, comenzar, luego detenerse y luego continuar. Otras responderán antes de que uno haya terminado de hacer la pregunta. La rapidez con la que responden dice algo sobre cómo están pensando y procesando la información. Hay que tener en cuenta que la velocidad de respuesta depende también del contexto cultural y de la agilidad mental.

135. HACER COMENTARIOS DEMASIADO RÁPIDO. La rapidez no siempre es buena cuando se responde a una pregunta. Cuando una persona se apresura a disculparse, la disculpa pierde su significado; parece mecánica y artificiosa. Un principio similar se aplica a la hora de alabar o dar la bienvenida a la gente. Es en estos momentos cuando debemos tomarnos nuestro tiempo. Acelerar a la hora de disculparnos o reconocer a otra persona sugiere que hay problemas, tales como ansiedad social, renuencia o falta de convicción. En estos casos es la velocidad de la conversación lo que constituye el comportamiento no verbal, como si se pasara muy por encima de lo que es realmente importante.

136. SONIDOS DE RELLENO. Hacer ciertos sonidos como «aah» o «hum», toser o aclararse la garganta y las vacilaciones al hablar pueden indicar que una persona se encuentra momentáneamente sin palabras y siente que tiene que llenar el vacío con, por lo menos, algún sonido. Los estadounidenses son famosos por usar sonidos de relleno mientras piensan qué decir, cuando tienen dificultad para encontrar las palabras adecuadas o cuando esperan su turno para hablar, mientras recuerdan una experiencia. Debido a que estas no son palabras reales, se consideran paralenguaje o comportamiento no verbal.

137. TOSER O ACLARARSE LA GARGANTA. A menudo se tose o se aclara la garganta cuando se necesita responder o enfrentarse a algo difícil. Una pregunta que es difícil de responder o que necesita ser valorada puede hacer que una persona se aclare la garganta. He notado que algunos individuos cuando mienten se aclaran la garganta o tosen, pero esto no es un indicador fiable de engaño, ya que las personas honradas también pueden hacerlo cuando están nerviosas o tensas.

138. SILBAR NERVIOSAMENTE. El silbido es una forma de exhalación catártica (ver n.º 98), y nos ayuda a aliviar el estrés. Es un apaciguador eficaz y es por eso por lo que la gente tiende a hacerlo cuando camina sola a través de un área oscura o desolada o cuando se siente incómodamente sola. En películas y dibujos animados, a menudo se representa a personas o personajes silbando mientras caminan a través de un cementerio para evitar su aprensión.

139. CHASQUEAR LA LENGUA. En muchas sociedades, se hace este tipo de sonidos con la lengua y los dientes para indicar desacuerdo, para llamar la atención sobre algo que está mal o para avergonzar a alguien. Es un chasquido de la lengua contra la parte interior de los dientes delanteros y el paladar superior y luego se inhala velozmente para hacer un sonido agudo y rápido. Esto va a menudo acompañado de un gesto con el dedo que indica que se ha cometido una transgresión y que se ha notado. Los padres suelen hacerlo a menudo cuando sus hijos están a punto de portarse mal.

140. REÍRSE. La risa es una muestra universal de diversión, felicidad y alegría. Sabemos que cuando reímos experimentamos menos estrés y menos dolor; de hecho, el acto de reír puede haber surgido en nosotros como un beneficio protector evolutivo. Hay, por supuesto, muchos tipos de risas diferentes: risas desenfrenadas cuando oímos un chiste genuinamente divertido, la risa alegre de los niños, la risa servil de aquellos que tratan de halagar a un líder... La forma en que alguien se ríe dice mucho, y se debe examinar la verdadera profundidad del sentimiento y el contexto cuando uno tiene dudas al respecto.

LOS LABIOS

Fruncimos los labios cuando estamos delante de un *smartphone* para sacarnos *selfies* y para pintarnos los labios y que resulten más atractivos. Nos inyectamos colágeno en los labios para ocultar nuestra edad y nos los lamemos para mantenerlos húmedos. Al ser muy ricos en terminaciones nerviosas, nuestros labios sienten la presión, el calor, el frío, los sabores, la ternura e incluso el movimiento del aire. No solo sienten, sino que también pueden ser sensuales. Los labios comunican estados de ánimo, gustos, disgustos, incluso miedo. Los embellecemos, los masajeamos, les ponemos bótox y jugamos con ellos, y sí, nos besamos con ellos. En cierto modo, son una de las cosas que nos hacen singularmente humanos.

141. **GROSOR DE LOS LABIOS.** Nuestros labios cambian de tamaño y dimensiones según nuestro estado emocional. Se vuelven pequeños cuando estamos estresados y más grandes cuando estamos cómodos. Los labios llenos y flexibles indican relajación y satisfacción. Cuando estamos sometidos a estrés, la sangre fluye de ellos a otras partes del cuerpo donde se necesita. La plenitud de los labios puede servir como un barómetro del estado emocional de una persona.

142. **LLEVARSE LOS DEDOS A LOS LABIOS.** Cubrirse los labios con los dedos puede indicar inseguridad o duda y debe considerarse en su contexto. Hay que prestar atención a este gesto, sobre todo cuando una persona está escuchando una pregunta que necesita procesar. También se observa cuando se reflexiona cuidadosamente sobre un tema. Tengamos en cuenta que algunas personas hacen esto con frecuencia, en todo tipo de situaciones: es un aliviador de estrés que les recuerda cuando se chupaban los pulgares, así que hay que tener cuidado con las conclusiones que sacamos.

143. **TIRARSE DE LOS LABIOS.** Tirarse de los labios o arrancarse pellejitos de ellos suele estar relacionado con el miedo, la duda, la preocupación, la falta de seguridad en sí mismo o alguna otra dificultad por el estilo. Debemos hacer caso omiso de las personas que hacen esto continuamente, porque para ellas es una conducta

apaciguadora que utilizan normalmente. Sin embargo, en aquellos que raramente lo hacen, es un buen indicador de que algo anda mal.

144. MORDERSE LOS LABIOS. Morderse los labios constituye una conducta apaciguadora que se suele dar normalmente cuando alguien está estresado o tiene preocupaciones. Nos mordemos los labios porque, después de cierta edad, ya no es socialmente aceptable chuparse el dedo, y morderse los labios estimula los mismos nervios de la boca. También podemos mordernos los labios cuando queremos decir algo, pero no podemos o no debemos. Es interesante advertir que algunos individuos, cuando están enfadados, se muerden los labios como un medio de autocontrol.

145. CHUPARSE LOS LABIOS. Pasarse la lengua por los labios ayuda a apaciguarnos de la misma manera que morderlos. Este comportamiento se asocia generalmente con preocupaciones, ansiedad o emociones negativas; sin embargo, puede ser que la persona tenga los labios secos, así que debemos tener cuidado al sacar conclusiones. Para algunos, sin embargo, este es un indicador muy fiable de que están muy estresados. Como educador, veo esto todo el tiempo cuando un estudiante no preparado se sienta para hacer un examen.

146. ESTRECHAMIENTO DE LOS LABIOS. El estrechamiento de los labios se asocia principalmente con pensamientos negativos, preocupaciones, miedos, ansiedad o falta de confianza. A medida que procesamos los problemas o experimentamos estrés, los labios tienden a estrecharse.

147. COMPRIMIR LOS LABIOS. A lo largo del día, a medida que nos encontremos con acontecimientos negativos o pensamientos y preocupaciones incómodos, nuestros labios se estrecharán y presionarán el uno contra el otro, transmitiendo con precisión, aunque solo sea por un instante, nuestras preocupaciones. La compresión labial puede ser muy sutil o puede llegar a un punto en el que los labios cambien de color a medida que la sangre se aleja de ellos. La compresión labial puede ser muy fugaz (cincuenta milisegundos) y, sin embargo, revela con precisión una emoción negativa registrada repentinamente.

148. LIGERA COMPRESIÓN DE LOS LABIOS. A veces mostramos que estamos molestos con alguien comprimiendo ligeramente los labios. A diferencia de la compresión total de los labios, en la que ambos labios están implicados, esta suele afectar solo al superior. Sin embargo, una ligera compresión del labio puede revelar algo, cuando se considera junto con el resto del lenguaje corporal de una persona.

149. **LABIOS COMPRIMIDOS HACIA ABAJO.** Gesto típico cuando nos damos cuenta de que hemos cometido un error grave o cuando nos sorprenden haciendo algo mal. Los labios se mantienen unidos mientras los músculos que rodean la boca se contraen para hacer que los labios bajen ligeramente, estirando el labio superior lejos de la nariz y apretando el área de la boca contra los dientes.

150. **MANTENER LOS LABIOS COMPRIMIDOS.** Quienes mantienen los labios comprimidos durante mucho rato y son reacios a relajarlos están mostrando un alto nivel de estrés o preocupación. Comprimir los labios es, en cierto modo, como cerrar las escotillas, como si nos tapáramos los ojos con las manos para bloquear algo negativo. Cuanto mayor sea la tensión o la aprensión, mayor será la necesidad de mantener los labios comprimidos.

151. **OCULTAR LOS LABIOS.** Cuando tenemos preocupaciones o ansiedad profundas, es posible que doblemos los labios hacia dentro hasta el punto de que ya no sean visibles. Esto indica algo muy diferente a la compresión de los labios (ver n.º 147), donde buena parte de estos permanece visible. Este comportamiento a menudo se reserva para cuando se experimenta un estrés importante, dolor físico significativo o gran agitación emocional.

152. **TEMBLOR DE LABIOS.** El temblor de los bordes de los labios, no importa lo leve que sea, en ausencia de alcohol o trastornos neurológicos, indica incomodidad, preocupación, miedo u otros problemas. Los jóvenes, cuando los interrogan sus padres u otros adultos en una posición de autoridad, a menudo manifiestan un temblor de labios, al igual que las personas honradas que nunca han sido confrontadas por agentes del orden público. También he oído decir a personal de recursos humanos que a algunos jóvenes les tiemblan los labios cuando se les pregunta si consumen drogas.

153. **LABIOS HACIA ABAJO.** Cuando los labios se comprimen y las comisuras se curvan hacia abajo, las cosas están realmente mal emocionalmente. Este es un fuerte indicador de un alto nivel de estrés o incomodidad. Este gesto es difícil de fingir, por lo que es muy preciso como indicador. Sin embargo, hay que tener cuidado, porque algunas personas tienen la boca curvada hacia abajo de forma natural. Es similar a la boca del «mero» (ver n.º 156), pero en este caso los labios están muy comprimidos o han desaparecido por completo.

154. **LABIOS APRETADOS Y HACIA FUERA.** Cuando no estamos de acuerdo con algo o cuando tenemos en mente una alternativa distinta, cerramos los labios (arrugándolos y apretándolos hacia delante). Cuando la audiencia no está de acuerdo con lo que un orador está diciendo o sabe que está mal, a menudo se ve este gesto. Cuanto más marcadamente hacia fuera estén los labios fruncidos, más fuerte será la emoción o sentimiento negativo que esté indicando. Este es un gesto altamente fiable que también se observa en el póquer cuando a los jugadores no les gustan las cartas que tienen.

155. **LABIOS APRETADOS Y HACIA UN LADO.** Este gesto es similar a la compresión de los labios descrita anteriormente, pero en este caso se estiran mucho los labios hacia un lado de la cara, lo cual altera significativamente la expresión facial. Normalmente suele ser un gesto rápido, aunque en el caso de que haya un fuerte desacuerdo puede llegar a mantenerse durante varios segundos. Es un gesto enfático que dice: «Tengo un auténtico problema con esto; no me gusta lo que me han preguntado, lo que estoy oyendo o lo que está ocurriendo». Cuanto más pronunciado sea este gesto, o cuanto más tiempo se mantenga, más fuerte será el sentimiento que esté transmitiendo. Esta expresión se vio muy llamativamente en Kato Kaelin, cuando testificó en el juicio de O. J. Simpson, y también en la gimnasta McKayla Maroney cuando quedó en segundo puesto en los finales del salto de pértiga de los Juegos Olímpicos de 2012.

156. **BOCA TRISTE.** La boca, al igual que los ojos, puede ser como una ventana que deja ver nuestro estado emocional. La tristeza se suele mostrar torciendo las comisuras de los labios ligeramente hacia abajo, normalmente en coordinación con los párpados superiores. Esto es lo que a veces se conoce como «boca o cara de mero». Hay que señalar que hay personas que tienen la cara así por naturaleza, con las comisuras de los labios siempre hacia abajo, en cuyo caso no tiene nada que ver con estados emocionales negativos.

157. FORMAR UNA O. Cuando estamos sorprendidos o en una agonía de dolor, instintivamente formamos un óvalo con los labios, parecido a una O. No se sabe exactamente por qué lo hacemos, pero parece ser un gesto universal, que se hace en todas las culturas, y es posible que sea una respuesta primitiva que compartimos con los primates cuando se muestran alarmados. El cuadro «El grito», de Edvard Munch, es la imagen más emblemática de este gesto.

158. BOCA ABIERTA, MANDÍBULA HACIA UN LADO. Es similar al gesto de dejar caer la mandíbula (ver n.º 179), y se observa en una persona que acaba de hacer algo mal o se da cuenta de que ha cometido algún error. Una comisura de la boca se estira hacia un lado, tirando de la mandíbula en ese sentido y, al mismo tiempo, quedan expuestos los dientes, apretados, de ese lado de la boca. Los alumnos suelen hacer este gesto cuando se dan cuenta de que no han contestado una pregunta que debían haberse sabido. También se observa en los empleados cuando reconocen que no han terminado una tarea. Este gesto puede acompañarse, además, con el de absorber el aire a través de los dientes apretados.

159. SONRISA. Una sonrisa genuina es una muestra segura e instantánea de simpatía y buenas intenciones. En todas partes del mundo es una señal de afabilidad, simpatía y armonía social. Cuando vemos una sonrisa, nos da alegría, sobre todo las de los bebés. En las relaciones sociales, de pareja y de trabajo, una sonrisa abre las puertas, y también los corazones. Existe una gran variedad de sonrisas, incluyendo la sonrisa social para quienes no conocemos pero cuya presencia reconocemos con ese gesto, la sonrisa tensa de quien hace un examen y la sonrisa falsa de los que simulan que les caemos bien o intentan parecer cómodos cuando no lo están.

160. SONRISA VERDADERA. Este tema ha dado lugar a muchos trabajos de investigación. Una sonrisa genuina implica la boca y los músculos de alrededor de los ojos. Es la denominada «sonrisa Duchenne», según el investigador de lenguaje corporal Paul Ekman. En una sonrisa verdadera, la cara está mucho más relajada, ya que los músculos faciales reflejan alegría en lugar de tensión. Hay estudios que demuestran que una sonrisa genuina puede resultar verdaderamente contagiosa, tanto en un ambiente profesional como personal, y suele ser una característica que relacionamos con los individuos carismáticos.

161. **SONRISA FALSA.** Las sonrisas falsas, al igual que las nerviosas, se utilizan para controlar cómo se nos percibe y hacer creer a los demás que todo está bien. Son bastante fáciles de distinguir de una sonrisa verdadera: en una sonrisa falsa, a veces solo un lado de la cara está involucrado, o la sonrisa va hacia la oreja en lugar de hacia los ojos. Parece artificioso. En una verdadera sonrisa no solo están implicados los labios, también lo están los bordes externos de los ojos y los músculos faciales de ambos lados.

162. **SONRISA NERVIOSA.** Una sonrisa nerviosa o tensa muestra ansiedad, preocupación o estrés. La sonrisa nerviosa se forma para hacer creer a los demás que todo está bien. Esto se ve a menudo en los pasajeros que pasan la aduana en el aeropuerto; sonríen nerviosamente al oficial inquisitivo que les hace preguntas.

163. **LA SONRISA COMO BARÓMETRO DE NUESTRAS EMOCIONES.** ¿Cómo de precisas son las sonrisas al revelar nuestros sentimientos internos? Mucho. Los estudios muestran que las sonrisas de los atletas difieren notablemente dependiendo de si terminan en primer, segundo o tercer lugar. Curiosamente, esta misma distinción se aplica a los atletas ciegos congénitos, que nunca han visto una sonrisa en la cara de otra persona. Su sonrisa reflejará su éxito, o la falta de él, confirmando una vez más que muchos gestos no verbales tienen una conexión innata con el cerebro.

164. **TORCER LAS COMISURAS DE LOS LABIOS.** Cuando la comisura de los labios se aprieta y se desplaza ligeramente hacia un lado o hacia arriba, revela petulancia, desdén, antipatía, incredulidad o desprecio. Cuando el desprecio es manifiestamente visible, este comportamiento puede ser dramatizado o exagerado, sin dejar lugar a dudas sobre los verdaderos sentimientos de la persona. La mayoría de las veces, se tuerce la comisura de los labios por un solo lado de la cara, pero algunas personas lo hacen por ambos lados y significa lo mismo.

165. **LEVANTAR EL LABIO SUPERIOR.** La repulsión, los sentimientos negativos, el desdén o la aversión harán que la esquina superior del labio de un lado de la boca se levante ligeramente hacia arriba. Cuando estos sentimientos son fuertes, la elevación puede ser muy notable, hasta el punto de elevar el labio superior hacia la nariz y exponer los dientes, casi en un gruñido, lo cual constituye una señal de total aversión o repugnancia.

166. **PASARSE LA LENGUA POR EL LABIO SUPERIOR.** Algunas personas reflejan sus emociones positivas lamiéndose enérgicamente el labio superior de un lado a otro. Debido a que la lengua desafía en esencia la gravedad (yendo hacia el labio superior), es más probable que las emociones positivas estén involucradas. Esto se diferencia del lamido labial habitual, que se realiza en el labio inferior y se asocia con la liberación de estrés. Como con todos los indicadores del lenguaje corporal, hay excepciones, y algunas personas se rozan el labio superior para aliviar el estrés, así que hay que fijarse en si se presentan otras conductas que confirmen lo que se observa, antes de sacar conclusiones.

LAS MEJILLAS Y
LA MANDÍBULA

Mucha gente piensa que las mejillas son un elemento inactivo y la mandíbula es algo que solo sirve para masticar y hablar; en otras palabras, que no son útiles en el estudio del lenguaje no verbal. Sin embargo, las mejillas y la mandíbula les dan a nuestros rostros una forma humana única. Buscamos líderes que tengan mandíbulas fuertes y la industria de la moda siempre está buscando pómulos altos en las modelos. Nos coloreamos las mejillas artificialmente con maquillaje para aumentar nuestro atractivo y nos dejamos crecer la barba para rellenar el rostro, que es el motivo por el que el presidente Lincoln se dejó crecer la suya. Desde las mejillas que se llenan de emoción o vergüenza hasta las mandíbulas que se mueven cuando nos sentimos inseguros, no cabe duda de que estas dos zonas comunican algo sobre nosotros y que no deben pasarse por alto.

167. TICS FACIALES. Los tics faciales pueden aparecer en cualquier parte de la cara: las mejillas, la comisura de la boca, los ojos, la frente, etc., y son diferentes y específicos en cada persona. Si de repente observas un tic nervioso, lo más probable es que esté provocado por la tensión o la ansiedad. Los tics faciales suelen presentarse a menudo en las mejillas o en sus proximidades, debido a los músculos interconectores que atraviesan esa zona.

168. MARCARSE LA CARA. Hay personas que se empujan o presionan firmemente la mejilla con los dedos para producir sensaciones que alivian el estrés, por lo que forman un hueco en su propia piel, a veces bastante pronunciado, dependiendo de la presión aplicada. Esto se ve con frecuencia en los eventos deportivos cuando el equipo local tiene un mal rendimiento. Estas marcas faciales se pueden hacer con una o dos manos, con unos pocos dedos en un solo lado o pellizcando las mejillas con el pulgar y el índice o el dedo corazón.

169. MASAJEARSE LA CARA O LA MEJILLA. Acariciarse o masajearse la cara o la mejilla puede ser una buena manera de liberar el estrés, pero también puede ser señal de contemplación. Por lo general, se hace muy suavemente. Este es un gesto que se debe considerar en conjunto con otros gestos para poder realizar una evaluación precisa.

170. TAMBORILEAR LOS DEDOS SOBRE LA MEJILLA. Indica que alguien está aburrido y quiere avanzar en lo que se esté haciendo. Debe verificarse con otros comportamientos, como parecer distraído o cambiar de postura en el asiento.

171. ENMARCARSE LA MEJILLA. Enmarcarse la mejilla es apoyar la mandíbula en el pulgar extendido y colocar el dedo índice a lo largo del lado de la mejilla. Generalmente solo se utiliza una mano y sugiere que una persona está pensando en algo o quiere parecer pensativa. Algunos emplean este comportamiento principalmente cuando dudan de lo que dice un orador, mientras que otros simplemente lo hacen como un medio para ayudar a la concentración. En las citas, puede ser una pose efectiva para mostrar interés a distancia.

172. HINCHAR LAS MEJILLAS. Hinchar las mejillas, sin exhalar, a menudo significa duda, reflexión o precaución. Esto se ve a menudo en personas que no están muy seguras de qué hacer a continuación o que son aprensivas. No es inusual ver a alguien mantener esta postura durante bastante tiempo cuando está intentando resolver un problema.

173. **TOQUE LIGERO EN LA MEJILLA.** Rozarse la mejilla ligeramente con el dedo índice constituye un apaciguador que indica que se está controlando el estrés para poder comprender mejor la situación. Cuando alguien trata de ocultar un gesto apaciguador, como tocarse un lado de la nariz, lo hace porque está tratando de ocultar su inseguridad, ansiedad o preocupación. Este gesto se ve con frecuencia en los entrevistados en la televisión y en los jugadores de póquer.

174. **RASCARSE LA MEJILLA.** Rascarse la mejilla es también un apaciguador, algo que se hace cuando se tienen dudas o inseguridad. Es más contundente que un toque furtivo, que tiende a ser más preciso debido a su significado oculto. Sin embargo, el rascado de la mejilla con cuatro dedos suele indicar reservas, vacilación, desconcierto o aprensión.

175. **PELLIZCARSE LAS COMISURAS DE LA BOCA.** Al pellizcarse las comisuras de la boca con los dedos se alivia el estrés. Rara vez hacemos esto cuando estamos contentos y relajados. Es diferente de la hendidura facial (ver n.º 168). Este comportamiento generalmente se realiza presionando el área carnosa de las mejillas con los pulgares y los otros dedos de la mano hacia las

comisuras de la boca, tal vez incluso tirando de uno o ambos labios.

176. **GESTO DE «LIMPIARSE» LA CARA,** Cuando alguien se encuentra sometido a un fuerte estrés, no es raro verlo presionarse la cara con las manos y arrastrarlas hacia abajo, como si se limpiara la cara. Típicamente, el movimiento comienza justo delante de las orejas y concluye cerca de la mandíbula. Cuanto más dura y prolongada sea la presión que se ejerce, más aguda será la tensión. He visto a corredores de bolsa hacer esto en la campana de cierre después de un mal día de negociación, o cuando un equipo pierde en el último segundo de un partido.

177. **TENSAR LA MANDÍBULA,** Cuando estamos alterados, enfadados o temerosos, los músculos de la mandíbula, cerca de las orejas, tienden a tensarse. Fíjate en si hay tensión en la mandíbula en situaciones de estrés, resistencia o discusiones acaloradas.

178. **DESPLAZAMIENTO O MOVIMIENTO REPETITIVO DE LA MANDÍBULA,** El desplazamiento o el movimiento repetitivo de la mandíbula (de lado a lado) constituye un eficaz apaciguador. También puede ser simplemente un comportamiento compulsivo en algunas personas, así que hay que prestar atención a cuándo y con qué frecuencia ocurre y buscar otros comportamientos que confirmen que algo anda mal. La mayoría de la gente hace esto con poca frecuencia, y por lo tanto, cuando se ve, comunica con gran precisión que algo le molesta.

179. DEJAR CAER LA MANDÍBULA. Una caída repentina de la mandíbula, dejando la boca abierta y los dientes expuestos, comunica gran sorpresa. Este comportamiento se observa a menudo cuando la gente se sorprende o se enfrenta a una revelación embarazosa. No se entiende completamente por qué se nos cae la mandíbula, pero revela con gran precisión una sorpresa total.

180. TENSAR LAS MANDÍBULAS. Cuando los músculos de la mandíbula tiemblan, palpitan o se vuelven tensos y pronunciados, indican impaciencia, tensión, preocupación, inquietud, enojo o emociones negativas.

181. HACER SOBRESALIR LA MANDÍBULA. Cuando estamos enfadados, tendemos a mover o hacer sobresalir la mandíbula ligeramente hacia delante. Si, además, se bajan los párpados superiores o se tensan los labios, es difícil ocultar por completo el enojo.

LA BARBILLA

De bebé, redondeada, cuadrada, flácida, fuerte, con hoyuelos, bonita o con cicatrices: la barbilla se presenta en muchas variedades y formas. Nos protege la cara y, si es necesario, el cuello, pero también comunica nuestros sentimientos, ya sea orgullo o vergüenza. Cuando alguien tiene un bajón, le decimos «levanta la barbilla», y los soldados saludan orgullosos a la bandera con la barbilla en alto. La barbilla, en resumen, puede decir mucho sobre nuestro estado de ánimo, ya sea que nos sintamos seguros, asustados, preocupados o emocionalmente sobrepasados.

182. **LEVANTAR LA BARBILLA.** Cuando la barbilla está levantada, comunica confianza: de ahí el dicho «con la cabeza alta». En ciertas culturas europeas (alemanas, francesas, rusas, italianas, entre otras) la barbilla se eleva generalmente más de lo normal para expresar confianza, orgullo y, en algunos casos, arrogancia.

183. **BAJAR LA BARBILLA.** Si la barbilla señala repentinamente hacia abajo en respuesta a una pregunta, lo más probable es que la persona carezca de confianza o se sienta amenazada. En algunos individuos, este es un indicador altamente fiable: literalmente bajan la barbilla cuando reciben malas noticias o cuando piensan en algo doloroso o negativo.

184. **METER LA BARBILLA.** Cuando estamos preocupados o ansiosos, instintivamente metemos la barbilla hacia el cuello, lo que constituye la forma natural de proteger nuestros signos vitales. Este es un excelente indicador de inseguridad, duda e incluso miedo. Si observas este comportamiento en alguien a quien se le hace una pregunta, señala que existen serios problemas sin resolver. Cuando se les pregunta a los niños sobre algo que no deberían haber hecho, suelen bajar la barbilla, mostrando contrición, y muchos adultos responden de la misma manera.

185. ESCONDER LA BARBILLA. Esto es algo que suelen hacer los niños para ocultar la vergüenza, mostrar desagrado hacia alguien o manifestar que están molestos. Flexionan la barbilla hacia abajo, a menudo cruzando los brazos al mismo tiempo, y luego se niegan a levantarla. En los adultos, este gesto de esconder la barbilla se observa en los hombres, de pie frente a frente, enfadados o gritándose. En este caso sirve para proteger el cuello en caso de un enfrentamiento violento.

186. BAJAR LA BARBILLA Y LOS HOMBROS. Este es otro comportamiento muy conocido por los padres: cuando los niños bajan o intentan esconder la barbilla con los hombros caídos y dicen un rotundo «no quiero». Si los brazos también están cruzados, está muy claro que el niño no quiere (lo que sea).

187. TOCARSE LA BARBILLA. Nos tocamos la barbilla cuando estamos pensando o evaluando algo. Este gesto se suele hacer con las puntas de los dedos. No es necesariamente un signo de duda, pero es algo que hay que tener en cuenta cuando una persona procesa información. Cuando se combina con otros comportamientos, como fruncir los labios, sugiere que se está valorando algo que parece negativo o pensando en una alternativa a lo que se ha hablado.

188. ROZARSE LA BARBILLA CON EL DORSO DE LA MANO.
En muchas culturas esto significa que se tienen dudas
sobre lo que se está diciendo. Esto también puede com-
binarse con fruncir los labios. Se puede realizar de lado
a lado o de atrás hacia delante de la barbilla.

189. APOYAR LA BARBILLA EN LA MANO. El gesto de apoyar la barbilla en la palma de la mano, unido a unos
músculos faciales relajados, sugiere aburrimiento. Pero
en un contexto de aplicación de la ley, podría indicar
una serie de posibilidades, dependiendo de las circunstancias. En un entorno forense, he visto a los culpables
adoptar esta postura sentados solos en una habitación
para controlar la forma en que se los percibe, para hacer
creer a las autoridades que son tan inocentes que están
prácticamente aburridos.

190. APOYAR LA BARBILLA ENFADADO. Este gesto consiste en formar un puño y apoyar la barbilla sobre los
nudillos, con los codos abiertos y apoyados en una
mesa, mientras la persona mira fijamente a la distancia
o a la pantalla de un ordenador. Normalmente tendrá la
frente arrugada, los ojos entrecerrados o los ojos como
esforzándose por enfocar, debido a que está sopesando
algo difícil o a un momento de irritación o enfado pasajero. Cuando se ve a alguien en esta postura, lo más
prudente es no interrumpir.

191. **CAMBIAR DE POSICIÓN LA BARBILLA.** Mover la barbilla de izquierda a derecha contra la palma de la mano es una forma subconsciente de expresar desacuerdo. He visto personas sentadas alrededor de la mesa de una sala de conferencias que muestran su silencioso desagrado con la barbilla apoyada en la palma de la mano y cambiando de posición.

192. **ACARICIARSE LA BARBA O EL BIGOTE.** Acariciarse el bigote o la barba puede ser muy eficaz para calmar el estrés. Como con cualquier comportamiento repetitivo, ignóralo si lo ves con demasiada frecuencia, porque hay personas que lo hacen compulsivamente. En cambio, cuando se observa este gesto de forma repentina, sin que lo hiciera antes, o si lo hace más cuando se habla de determinado tema, es posible que la persona tenga un problema en ese sentido. También se debe tener en cuenta el contexto cultural; por ejemplo, acariciarse la barba es común entre muchos hombres de Oriente Medio cuando pasan el tiempo hablando. Es importante recordar que muchos hombres con barba encuentran reconfortante entretenerse acariciándosela.

193. **HOYUELOS EN LA BARBILLA.** A algunas personas se les forman hoyuelos en la barbilla cuando se encuentran estresadas, experimentan confusión emocional o están a punto de llorar. Esto les ocurre incluso a los individuos más estoicos.

194. **TEMBLOR DEL MÚSCULO DE LA BARBILLA.** El temblor repentino de la barbilla indica miedo, preocupación, ansiedad o aprensión. También le tiembla a una persona que está a punto de llorar. El mentoniano, que cubre la barbilla y hace que la piel tiemble, es uno de los músculos que más reflejan nuestras emociones, según el doctor David Givens. A veces la barbilla refleja la confusión emocional incluso antes que los ojos.

195. **BARBILLA AL HOMBRO.** Esto se suele ver en personas que se sienten avergonzadas o emocionalmente vulnerables: colocan la barbilla contra el hombro en un gesto de aspecto infantil y tímido. Se debe tener en cuenta especialmente cuando alguien hace esto mientras responde a una pregunta. Por lo general, significa que tiene grandes dificultades para hablar sobre determinado tema, tal vez porque posee conocimientos que no desea revelar.

196. **SEÑALAR CON LA BARBILLA.** En muchas culturas hay costumbre de señalar con la barbilla estirando a la vez el cuello hacia la misma dirección, en lugar de señalar con el dedo, como ocurre por todos los países del Caribe, América Latina y España, así como en Oriente Medio y en muchas reservas de nativos americanos.

LA CARA

Aunque ya he hablado individualmente sobre cada uno de los elementos de la cara, algunos comportamientos se entienden mejor en el contexto de la cara en su conjunto. Los seres humanos han evolucionado hasta extraer una gran cantidad de información a partir de lo observado en el rostro. Los ojos y la boca llaman especialmente nuestra atención. Por lo general, cuando miramos a alguien que nos gusta, alternamos nuestra mirada entre los ojos y la boca, porque estos dos elementos nos revelan mucha información. La madre y el bebé se escanean una y otra vez, para recopilar información, pero también para vincularse, al igual que los amantes que se escanean en silencio en una cafetería. Naturalmente nos fascinan los rostros: se han dedicado millones de palabras a describir el rostro más famoso de todos, *La Mona Lisa*, precisamente porque es tan enigmática. Los rostros nos despiertan curiosidad por naturaleza y cuando vemos algo especial en ellos, nos sentimos atraídos. Nos comunican emociones, pensamientos y sentimientos, por lo que a lo largo de nuestras vidas estamos siempre buscando pistas en ellos. Cuando los griegos hablaban de «un rostro que lanzó mil navíos»,[*] era a la vez metafórico y muy probable que fuera cierto; en eso consiste también el poder de un rostro.

197. **EVITAR MIRAR A LA CARA.** Por diversas razones, a veces tratamos de evitar el contacto cara a cara con los demás, incluso cuando nos encontramos muy próximos a ellos. Esto se puede observar en los tribunales, entre la víctima y el sospechoso, o durante un proceso de divorcio contencioso. La evasión se hace obvia según la rapidez con la que la gente cambia su comportamiento, a dónde dirige la mirada y si se ponen rígidas, sin querer mirar a su alrededor.

---

[*] El autor hace referencia al fragmento de una obra del dramaturgo isabelino Christopher Marlowe, en el que uno de los personajes utiliza esa expresión para mostrar cómo la extraordinaria belleza de Helena de Troya fue el desencadenante de los acontecimientos que llevaron a la guerra: «¿Es este el rostro que lanzó a mil navíos y puso fuego a las altas torres de Troya? ¡Dulce Helena, dame la inmortalidad con un beso!».

198. **NO DEJAR VER LA CARA.** El individuo que coloca los codos encima de una mesa y entrelaza las manos frente a la cara, indica que desea ocultarla. Cuando se le hace una pregunta, en lugar de bajarlas, se asoma sin apartarlas o responde dirigiéndose directamente a ellas. En esencia, se está aislando debido al estrés, la falta de confianza o porque no le gusta la persona con la que está hablando. Las manos sirven como una barrera psicológica. La renuencia a revelar la cara es a menudo un fuerte indicador de que hay problemas.

199. **PROTEGERSE LA CARA.** Ponerse las manos sobre la cara o usar objetos para ocultarla es un gesto universal que normalmente indica vergüenza, bochorno, miedo, ansiedad o aprensión. A menudo, cuando los detenidos son conducidos al coche de policía que los espera, utilizan prendas de vestir para protegerse la cara.

200. **ASIMETRÍA EMOCIONAL DE LA CARA.** Recientemente se ha demostrado que la cara tiene una capacidad notable para revelar múltiples sentimientos a la vez. Puede burlarse y mostrar desprecio mientras al mismo tiempo muestra una sonrisa social. Esto es probablemente evidencia de múltiples sentimientos que compiten internamente, los cuales aparecen en la cara como «filtraciones». En mis observaciones, el lado izquierdo de la cara (el lado derecho cuando se mira a la persona de frente) tiende a ser más preciso, especialmente

DICCIONARIO DE LENGUAJE NO VERBAL

cuando se trata de emociones negativas. Esta habilidad de la cara para demostrar diferentes emociones en diferentes mitades se llama *quiralidad emocional*.

201. INCONGRUENCIA FACIAL. La incongruencia entre lo que una persona dice y lo que se refleja en su cara no es infrecuente. Una persona puede estar diciendo una cosa, pero su rostro puede reflejar algo completamente distinto. Durante un intercambio de cortesías, un rostro muy tenso o que muestra aversión o incomodidad traiciona los sentimientos verdaderos, aunque la persona puede estar obligada a decir algo agradable u ofrecer un saludo cortés.

202. UNA CARA EXTRAÑA ENTRE LA MULTITUD. Al tratar con el Servicio Secreto de los Estados Unidos sobre detalles de protección, así como con varias empresas del sector privado a lo largo de los años, he aprendido que en una multitud a menudo vale la pena confiar en nuestra intuición ante una cara que se distingue de las demás y nos resulta extraña. Con eso me refiero al que parece enojado cuando todos los demás están contentos o al que parece paralizado y rígido cuando el resto de la multitud está mostrando una variedad de estados de ánimo. El personal de una aerolínea me comenta que, en una larga cola en el aeropuerto, es la cara peculiar y cargada emocionalmente, la que no encaja con las otras, la que a menudo causa más problemas en el mostrador.

203. SERENIDAD ANTE LA CONMOCIÓN. Es la denominada «serenidad narcisista», que se observa en un rostro con una expresión inusual e incongruente de calma, que no cuadra con la situación. Es la expresión que mostraban Lee Harvey Oswald, Timothy McVeigh y Bernie Madoff, extrañamente serena, cuando los arrestaron, en contraste con sus circunstancias y el horror de los crímenes que cada uno de ellos había cometido.

204. SONRISA FUERA DE LUGAR («EL DELEITE DEL ENGAÑO»). Este término, acuñado por el famoso investigador Paul Ekman, se refiere a la sonrisa fuera de lugar o media sonrisa de una persona cuando se sale con la suya. Es muy similar a la serenidad narcisista (ver n.º 203). El deleite del engaño se observa también en aquellos que han sido más listos que alguien o que piensan que alguien se ha dejado engañar por sus mentiras. Es una sonrisa pretenciosa en un momento y lugar donde la humildad, la seriedad o incluso la contrición son más adecuadas.

205. TOCARSE LA CARA. Tocarse la cara cumple diversas funciones. Puede atraer a otros: a menudo vemos a modelos tocándose el rostro en las portadas de las revistas. O puede ayudarnos a relajarnos estimulando la infinidad de nervios que hay en la cara. La clave está en el contexto.

EL CUELLO

El cuello es la parte más débil y vulnerable de nuestro cuerpo. Todo lo que es crítico para nuestra supervivencia —sangre, comida, agua, señales eléctricas, hormonas y corrientes de aire— fluye a través de él. Está compuesto por numerosos músculos intrincadamente entrelazados para sostener la cabeza, huesos cervicales huecos que protegen la médula espinal, grandes venas y arterias que alimentan el cerebro, por lo que el cuello es, obviamente, un elemento vital del cuerpo. Y, sin embargo, con frecuencia se ignora cuando se habla sobre la comunicación no verbal, a pesar de que sabemos que nos indica cuándo estamos cómodos, interesados o receptivos a una idea o a una persona. Nos tocamos el cuello, nos lo cubrimos o lo ventilamos, junto con otros comportamientos, y al hacerlo le decimos al mundo lo que estamos pensando o sintiendo internamente. El cuello es además una de las zonas más sensuales del cuerpo, sensible al más mínimo contacto o caricia, o incluso a la calidez de la respiración.

206. TOCARSE EL CUELLO. Aparte de que nos lo podamos rascar porque nos pica, tocarse el cuello constituye un excelente indicador de inseguridades, aprensión, ansiedad, preocupaciones o problemas. Cuando algo nos molesta o nos preocupa, tendemos a tocarnos el cuello, aunque sea levemente. Tocarse el cuello, de la manera que sea, es algo que se suele pasar por alto y, sin embargo, es uno de los gestos más acertados a la hora de revelar que algo nos está molestando.

207. CUBRIRSE EL HUECO SUPRAESTERNAL. Tocar o cubrir el «hoyuelo del cuello» o el hueco supraesternal (el área del cuello que se extiende entre la nuez y la parte superior del pecho) indica preocupación, problemas, inquietudes, inseguridades o miedo. Los hombres tienden a agarrarse el cuello o la garganta con firmeza o a cubrir esta zona con toda la mano mientras se ajustan la corbata o el cuello de la camisa. Las mujeres se tocan esta zona con más frecuencia que los hombres y tienden a hacerlo más suavemente, con la punta de los dedos. Tanto si se hace con delicadeza como con fuerza, cubrir el punto más débil del cuerpo significa que algo está en juego. El hecho de cubrirnos el cuello cuando nos sentimos amenazados probablemente evolucionó a partir de los innumerables actos de depredación por parte de grandes felinos, que suelen ir a por el cuello. Para obtener más información al respecto, ver *El cuerpo habla*.

208. **TOCARSE EL NUDO DE LA CORBATA.** El nudo de la corbata cubre el hueco supraesternal y el cuello, y tocárselo tiene la función de proteger esa zona y aliviar la ansiedad. Es un gesto que suelen hacer los hombres cuando están en una situación social que los incomoda o les causa una cierta ansiedad. Algunos hombres hacen este gesto repetidamente como apaciguador, al igual que las mujeres pueden juguetear con un collar cuando están tensas (ver n.º 209).

209. **JUGAR CON EL COLLAR.** Jugar con un collar tiene el mismo propósito para las mujeres que cubrir el hueco supraesternal con la mano. Protege un área vulnerable y alivia el estrés por medio de movimientos repetitivos.

210. **JUGAR CON EL CUELLO DE LA CAMISA.** Tocarse la parte delantera del cuello de la camisa o jugar con ella sirve para calmar o aliviar el estrés de tres maneras: cubriendo el área del cuello, como un comportamiento táctil repetitivo y moviendo la ropa para ventilar la piel por debajo.

211. MASAJEARSE EL CUELLO. La gente a menudo se masajea los laterales o la parte posterior del cuello para aliviar el estrés. Es un comportamiento que a menudo pasamos por alto, pero el hecho es que es un indicador fiable de que algo ha molestado al individuo que estamos observando.

212. MASAJEARSE EL NERVIO VAGO. El nervio vago (del latín, *vagus,* 'errante') conecta el cerebro con los órganos principales, como el corazón. En situaciones de estrés, es posible que te encuentres masajeándote el lateral del cuello, cerca de donde te tomas el pulso. Hay una razón para esto: la estimulación del nervio vago produce la liberación de acetilcolina, un neurotransmisor que a su vez envía señales al corazón, específicamente al nódulo auriculoventricular, lo que hace que la frecuencia cardíaca disminuya.

213. TIRARSE DE LA PIEL. Hay hombres a los que los calma tirarse de la zona carnosa del cuello por debajo de la barbilla (o papada). A veces, bajo una gran tensión, el tirón se vuelve extremo. Es raro verlo en las mujeres. He visto a hombres sometidos a estrés tirar con tanto vigor que la piel palidece.

214. VENTILARSE EL CUELLO. Cuando estamos en una situación de estrés, nuestra piel se calienta, una reacción fisiológica controlada por el sistema nervioso autónomo y sobre la cual tenemos poco control. Esto ocurre a menudo en menos de cuatro milisegundos. Al ventilar el cuello de la camisa y la zona del cuello aliviamos las molestias causadas por el enrojecimiento o calentamiento de la piel. Las discusiones acaloradas o incluso algunas conversaciones pueden dar lugar a que las personas estresadas se ventilen, al igual que si escuchan una palabra o un comentario que les resulte doloroso. Los que conozcáis al ya desaparecido comediante Rodney Dangerfield (película *El club de los chalados*,[*] 1980) lo recordaréis haciendo esto en la película y en sus monólogos de comedia cuando no lo «respetaban», pero sobre todo cuando estaba estresado.

215. **PUÑO DELANTE DEL CUELLO.** Colocarse el puño delante del cuello tiene el mismo propósito que cubrir el hueco supraesternal. Es una respuesta automática e inconsciente a amenazas, temores o preocupaciones. Este comportamiento se presenta principalmente en hombres, pero lo he visto en algunas mujeres cuando están sometidas a un estrés extremo o se enfrentan a algo muy negativo. Muchas personas confunden el puño con un signo de fuerza, cuando en realidad, en este caso, es un signo de defensa, ansiedad y aversión.

216. **VENAS DEL CUELLO PALPITANTES.** Que se perciba el palpitar de las venas del cuello indica estrés o ansiedad.

---

[*] *Los locos del golf* en Hispanoamérica.

Cuando una persona tiene miedo o está enojada, ese palpitar puede notarse mucho.

217. **TRAGAR CON FUERZA.** Tragar con fuerza puede ser un acto muy visible y, a veces, incluso audible. Es una reacción espontánea a algo desagradable, peligroso o extremadamente estresante y un indicador fiable de angustia. Los músculos y ligamentos que rodean la garganta se tensan, lo cual hace que la nuez se mueva con mucha fuerza hacia arriba y hacia abajo.

218. **ESTIRAR EL CUELLO.** Estirar el cuello o hacerlo sonar (como crujidos) en un movimiento circular alivia el estrés y funciona como apaciguador. Esto se ve a menudo cuando a alguien se le hacen preguntas difíciles que preferiría no responder.

219. **RUBOR O ENROJECIMIENTO DE CUELLO Y ROSTRO.** El rubor es una respuesta del sistema autónomo a un estímulo y no puede controlarse. Muchas personas se ruborizan cuando se sienten amenazadas o inseguras y, en casos muy raros, cuando son sorprendidas mintiendo o haciendo algo ilegal. Esto nos hace saber que el individuo se siente perturbado, ya sea por una simple vergüenza inocente o por algo peor. Hay que tener siempre en cuenta que ciertos medicamentos o alimentos pueden causar rubor.

220. **MOVIMIENTO DE LA NUEZ.** Cuando a alguien se le levanta súbitamente la nuez, lo más probable es que haya escuchado algo que le ha puesto nervioso, que le ha hecho sentirse amenazado o que le causa aprensión. Esta reacción incontrolable también se produce cuando alguien se siente altamente vulnerable o expuesto. El término médico para la nuez es *prominencia laríngea*. El cartílago tiroideo alrededor de la laringe (una parte de la garganta que sujeta las cuerdas vocales) le da su forma protuberante (prominencia). Generalmente es más grande en los hombres que en las mujeres. Esta parte del cuerpo es muy sensible y reactiva a los factores estresantes emocionales.

221. **EXPONER EL CUELLO.** La inclinación de la cabeza hacia un lado, exponiendo el lateral del cuello, es una de las conductas del lenguaje corporal más utilizadas y menos comprendidas. Inclinamos la cabeza instintivamente cuando sostenemos o incluso vemos a un recién nacido, algo que él reconoce y recompensa con el tiempo con una sonrisa y una cara relajada. A medida que crecemos, la inclinación de la cabeza aparece en el comportamiento de cortejo, mientras miramos a los ojos de un amante con la cabeza inclinada hacia un lado, exponiendo así el cuello, que queda vulnerable. En las relaciones personales y profesionales, este comportamiento también significa que se está escuchando y se está interesado. Es un comportamiento poderosamente aplacador y tremendamente útil durante una confrontación. Junto con una sonrisa, esta es una de las formas más efectivas de ganarse a los demás.

222. RIGIDEZ DEL CUELLO.

Cuando las personas están atentas y receptivas, y sobre todo cuando se sienten cómodas, inclinan el cuello hacia un lado, exponiendo de ese modo un área mayor de lo habitual. Sin embargo, si la sensación de comodidad se desvanece, el cuello se vuelve rígido rápidamente. Un cuello rígido indica un alto estado de alerta y vigilancia, y puede sugerir que no se está de acuerdo con algo que se acaba de decir, o que se tiene un asunto serio que discutir. Cuando alguien pasa de un estado de relajación a una rápida rigidez del cuello, es una señal segura de que algo anda mal.

LOS HOMBROS

Ya sean anchos, estrechos, atléticos, delgados, atractivos, seductores o caídos, nuestros hombros dicen mucho de nosotros. Incluso desde lejos, uno puede reconocer los anchos hombros de un nadador olímpico o los hombros sinuosos de una bailarina de talla mundial. Las hombreras de un traje sastre hacen que su portador destaque, al igual que los hombros desnudos de un modelo escultural llaman nuestra atención. Desplomados cuando estamos deprimidos o anchos y echados hacia atrás cuando estamos orgullosos, los hombros se comunican en nuestro nombre. Lo que dicen sobre quiénes somos, lo que hemos logrado o lo que estamos pensando o sintiendo te sorprenderá.

223. LEVANTAR UN HOMBRO. Un hombro levantado hacia la oreja cuando una persona responde a una pregunta generalmente representa inseguridad o duda. Esto, junto con otros comportamientos (vacilación al contestar, brazos pegados al cuerpo), es una buena indicación de que se carece de confianza en lo que se está diciendo. En las negociaciones, cuando una de las partes levanta un solo hombro en respuesta a una pregunta, como «¿es ese su mejor precio?», el hecho de que solo se utilice uno sugiere una falta de compromiso total con lo que se está diciendo.

224. ELEVACIÓN LENTA DE UN HOMBRO. La elevación lenta e intencional de un solo hombro, junto con la inclinación de la cabeza hacia el mismo hombro mientras se hace contacto visual directo, significa un interés personal. Lo vemos sobre todo en situaciones de citas, generalmente en mujeres que miran a alguien que les gusta.

225. HOMBROS LEVANTADOS. Cuando las personas levantan los hombros y los mantienen en alto (hacia las orejas), es probable que sientan inseguridades o dudas. Este comportamiento se llama «efecto tortuga». Esencialmente, el individuo está tratando de ocultarse abiertamente. Los hombros levantados no son una señal de confianza. Esto se ve a menudo cuando un ponente pide voluntarios en un grupo grande de personas o en un alumno cuando no está bien preparado y se le hace una pregunta.

226. **RÁPIDO ENCOGIMIENTO DE HOMBROS.** Cuando a alguien se le hace una pregunta y no sabe la respuesta, a menudo levanta ambos hombros rápida y claramente. El movimiento rápido hacia arriba es un comportamiento que desafía la gravedad y generalmente se asocia con sentimientos positivos; en este caso, es cierto que desconoce la respuesta. Este gesto tiende a ser más honesto que un encogimiento de hombros lento (como respondiendo «no lo sé») o un encogimiento de un solo hombro vacilante.

227. **HUNDIRSE EN EL ASIENTO.** Una persona que se hunde cada vez más en su asiento durante una reunión revela aprensión o falta de confianza. Al igual que el efecto tortuga, esta es una forma de esconderse abiertamente; también es posible que tenga la esperanza de que no la llamen. Pero hay que tener en cuenta también que en algunos individuos esto puede ser simplemente un signo de indiferencia o desinterés. Este comportamiento es evidente si se observa el acortamiento de la distancia entre los hombros y la mesa.

228. **FROTARSE EL HOMBRO/LA CLAVÍCULA.** Durante una entrevista intensa o estresante, el entrevistado extenderá la mano a través del pecho y se apretará el hombro opuesto, y luego moverá lentamente la mano a través de la clavícula hacia el pecho. Algunas veces, la mano se mantiene sobre el pecho o se repite el proceso. La naturaleza táctil y repetitiva del comportamiento ayuda a aliviar el estrés o la aprensión.

229. **ENSANCHAMIENTO DE HOMBROS.** Pasar de unos hombros relajados a erguidos puede ser una muestra perceptible de autoridad y confianza que indica que una persona está al mando. A menudo vemos esto en atletas y militares. Esta es la razón por la que los trajes sastre llevan hombreras: para dar la impresión de poder y autoridad.

230. **LEVANTAR LOS HOMBROS CON LAS PALMAS HACIA ARRIBA Y LA CABEZA LADEADA.** Esta es la típica postura del «por favor, por qué no», realizada con las palmas de las manos hacia arriba y la cabeza inclinada hacia un lado, con uno o ambos hombros hacia arriba. Es un comportamiento de súplica. Los niños hacen esto tan bien como los adultos, y a menudo se ve en los jugadores cuando quieren que el árbitro reconsidere una decisión adversa.

231. **LA REVERENCIA.** Se trata de una ligera flexión hacia delante de la parte superior del torso y los hombros, que puede ser intencional o subconsciente. En todos los lugares del mundo, se realiza alguna variante de este gesto en presencia de una autoridad superior. En Asia, la gente se inclina por respeto, como lo hacen los súbditos de la reina en Londres. El origen de la reverencia tiene mucho que ver con nuestro legado de los primates, que se inclinan instintivamente ante el macho alfa, y en nuestro caso, ante alguien de mayor autoridad. Como testimonio de su universalidad, cuando los conquistadores llegaron al Nuevo Mundo, descubrieron que los nativos americanos también se inclinaban o hacían una reverencia ante su rey, tal como ellos mismos lo habían hecho en la corte de la reina Isabel.

LOS BRAZOS

Los brazos no solo nos protegen y nos sirven para mantener el equilibrio y para llevar cosas, sino que, además, desempeñan una función comunicativa muy importante. Desde los autoabrazos que nos hacemos cuando estamos estresados hasta el gesto de levantar los brazos en alto del deportista que llega en primer lugar a la meta, pasando por el gesto de un niño que estira los brazos pidiendo un abrazo cariñoso, los brazos están siempre ahí, ayudándonos y ayudando a otras personas, abrigándonos y comunicando nuestras necesidades tanto como nuestros sentimientos, mucho más de lo que nos damos cuenta.

232. ABRAZAR. El abrazo, en todas sus modalidades, es una señal universal de proximidad, buenos sentimientos, afecto y cooperación. Mientras que en algunas culturas, como en América Latina, un abrazo social breve puede ser un gesto de saludo similar a un apretón de manos, el modo en que se realice indicará qué siente cada uno por el otro. Por ejemplo, pensemos en los deportistas de élite y las estrellas de cine estadounidenses que se abrazan entre sí. Como observador, siempre me fijo en el abrazo y en las expresiones faciales para tener una idea fidedigna de lo que siente cada persona por la otra.

233. GESTOS AMPLIOS. Los gestos animados reflejan nuestras emociones y también hacen que se nos vea. Los gestos amplios son poderosos despliegues cuando hablamos y resultan esenciales para una comunicación dinámica. En muchas culturas, el énfasis requiere gestos exagerados. Para un extraño, quienes hacen tales gestos puede parecer que están a punto de pelear cuando en realidad solo están siendo enfáticos.

234. GESTICULAR AL HABLAR. A menudo me preguntan: «¿Por qué gesticulamos?». Los gestos se consideran una parte integral de la comunicación. Nos ayudan a captar y mantener la atención, así como a destacar los puntos importantes. Incluso facilitan una mayor flexibilidad en el habla e incluso contribuyen al recuerdo de las palabras. Los gestos afectan a la forma en que se recibe nuestro mensaje y la cantidad de información que otras personas recuerdan. Cuando los gestos acompañan al mensaje, este se potencia. Mientras hablamos, al gesticular decimos que queremos que se fijen en nosotros. Si pensamos en el éxito de las charlas TED,[*] nos daremos cuenta de que los gestos son un elemento esencial utilizado por los mejores oradores.

235. BRAZOS CONTRA EL CUERPO Y MANOS EN ÁNGULO RECTO. Esto a menudo se conoce como euforia moderada. Cuando una persona se pone contenta consigo misma, pero intenta no demostrarlo, puede mantener los brazos contra el cuerpo y luego levantar las manos a la altura de la muñeca, de modo que la muñeca está casi en un ángulo de noventa grados, con las palmas de las manos hacia abajo. Esto también puede ocurrir cuando trata de controlar su entusiasmo y no quiere que se le note. Este comportamiento puede ir acompañado de una elevación de los hombros y, por supuesto, de muestras faciales de alegría.

236. EXPRESIONES DE TRIUNFO/EUFORIA. Las demostraciones de euforia o triunfo tienden a ser un desafío a la gravedad; en otras palabras, el gesto se hace hacia

* Charlas en las que algunos de los pensadores y emprendedores más importantes del mundo comparten ideas que les apasionan. TED es el acrónimo de Tecnología, Entretenimiento y Diseño, aunque se admiten muchas más temáticas, siempre y cuando muestren ideas, de cualquier disciplina, que merezca la pena difundir.

137

arriba o hacia fuera, lejos del cuerpo. A veces saltamos de nuestros asientos con los brazos y los dedos extendidos. Las emociones positivas impulsan los gestos que desafían la gravedad, es por eso por lo que los triunfos deportivos suelen celebrarse de manera similar en todo el mundo: brazos arriba.

237. BRAZOS TRAS LA ESPALDA. La postura majestuosa de la realeza se adopta colocando los brazos y las manos detrás de la espalda. La reina Isabel, el príncipe Carlos y otros miembros de la realeza británica a menudo caminan de esta forma cuando quieren que otros permanezcan a distancia. También es una señal para que nos den espacio. No es una buena manera de hacerse querer por los demás, ya que tendemos a asociar esta conducta con el distanciamiento. Curiosamente, a los niños pequeños no les gusta que sus padres escondan las manos detrás de la espalda.

238. BRAZOS RÍGIDOS. Cuando una persona se asusta o se siente abrumada por algo que haya ocurrido, es normal que se le agarroten los brazos y que los deje caídos a los lados del cuerpo, de una forma que parece poco natural, como un robot. Tener los brazos rígidos constituye un sólido indicio de que acaba de ocurrir algo negativo.

239. DEJAR A LA VISTA LAS AXILAS. La exposición de la cara interna del brazo, incluyendo la axila, está reservada para aquellos momentos en los que nos sentimos cómodos con los demás. Las mujeres especialmente pueden usar este comportamiento (rascarse la parte posterior de la cabeza mientras exponen la axila directamente hacia una persona que le interesa) con el fin de atraer la atención de esa persona y demostrar su interés. Por el contrario, cuando nuestras axilas están expuestas y se acerca alguien que nos hace sentir incómodos, inmediatamente nos las cubrimos.

240. CRUZAR LOS BRAZOS/ABRAZARSE. Abrazarse a uno mismo es una manera efectiva de consolarse mientras esperamos que alguien llegue, mientras vemos una película en público o cuando necesitamos un poco de autoconsuelo. Esto explica por qué tantos pasajeros en un avión cruzan los brazos mientras hacen cola para ir al baño. Cruzamos los brazos por muchas razones. He aquí algunas de las que me han comunicado: «Es cómodo», «Es útil cuando tengo los brazos cansados», «Lo hago para ocultar mis pechos», «Lo hago cuando estoy siendo curioso», «Me oculto la barriga»... Todo el mundo tiene una buena razón, y la mayoría de las veces les da consuelo. Hay muchas personas que erróneamente equiparan el hecho de cruzar los brazos con mantener a la gente más alejada: ese no suele ser el caso.

241. CRUZAR LOS BRAZOS/PROTECCIÓN. En algunas ocasiones, el cruce de brazos es un medio de protección, más que un gesto de consuelo. Podríamos subconscientemente tratar de protegernos la zona abdominal (la tripa), que es una zona vulnerable, cuando nos sentimos inseguros o amenazados. En esos casos, veremos más tensión en los brazos y malestar psicológico en la cara.

242. CRUZAR LOS BRAZOS/AUTOCONTROL. La gente puede cruzar los brazos para contenerse cuando está molesta. Imagínate a un cliente al que han sacado de un vuelo en el mostrador de un aeropuerto. Mientras que el autoabrazo (ver n.º 240) se hace con muy poca presión, este comportamiento ayuda literalmente a controlar los brazos a medida que las emociones se descontrolan. Hay que tener en cuenta que este comportamiento de autocontrol suele ir acompañado de manifestaciones faciales de animadversión.

243. CRUZAR LOS BRAZOS/DESAGRADO. En la presencia de alguien que no nos cae bien, podemos ponernos los brazos sobre el vientre, tratando de distanciarnos o aislarnos de esa persona. Generalmente esto ocurre tan pronto como vemos a alguien que nos resulta desagradable, y eso es lo que distingue este comportamiento y comunica nuestro desagrado con mucha precisión. Debe diferenciarse del autoabrazo por otras señales que lo acompañan, tales como una cara tensa y pies que también se alejan.

244. CRUZAR LOS BRAZOS/MASAJEARSE. Cruzar los brazos sobre el pecho puede ser cómodo para mucha gente. Sin embargo, el masaje en el hombro o brazo opuesto sugiere que la persona está estresada o preocupada. Esto es más probable que ocurra cuando se está sentado en una mesa con los codos apoyados, pero también lo he visto en individuos sentados en una silla, como una forma de autoabrazarse mientras se masajea el brazo opuesto para aliviar el estrés o la preocupación.

245. CRUZAR LOS BRAZOS Y AGARRARSE LA MUÑECA CONTRARIA. Al enfrentarse a información dañina en un entorno forense, los entrevistados de repente se agarran la muñeca del brazo contrario, mientras permanecen sentados. Es un gesto que se observará inmediatamente después de que a una persona se le haya hecho una pregunta difícil o se la haya acusado de algo. En el póquer se ha observado que los jugadores muestran este comportamiento cuando tienen malas cartas.

246. EXTENDER LOS BRAZOS. Quienes extienden los brazos por encima del respaldo de varias sillas o de un sofá están demostrando confianza mediante un despliegue territorial. Los altos ejecutivos lo harán más a menudo que los empleados jóvenes. Observa, cuando alguien de rango o estatus superior entra en contacto con la persona, si esta retira los brazos del respaldo.

247. EXTENDER LOS CODOS. Las personas que son fuertes y seguras de sí mismas irán ocupando poco a poco más espacio, extendiendo los codos sobre una mesa o escritorio. Esto tiende a ser subconsciente, y generalmente no se dan cuenta de que están revelando su seguridad en sí mismas.

248. JUNTAR LOS CODOS. Cuando estamos sentados con los brazos sobre una mesa, en el momento en que nos sentimos inseguros o amenazados, juntamos los codos. Este gesto nos ayuda a evaluar lo comprometidos o confiados que están los demás a medida que se discuten los diferentes temas.

249. DOBLAR LOS CODOS. La flexión del codo se realiza colocando las manos sobre las caderas, con los brazos en jarras, y flexionando los codos hacia delante (como una mariposa agitando las alas) cada vez que queremos enfatizar lo que estamos diciendo. Se trata de un despliegue territorial que también proyecta confianza. He visto a altos directivos, entrenadores y oficiales militares hacer la flexión del codo mientras enfatizan un punto concreto.

250. ENTRELAZAR LOS CODOS. En muchas partes del mundo, entrelazar los brazos a la altura de los codos con otra persona es una señal de proximidad afectiva con esa persona o de que se está teniendo una conversación muy privada. En esta postura las caderas se acercan, lo que sugiere que las cosas van bien. No es extraño en los países mediterráneos o en América del Sur ver parejas caminando agarradas del brazo.

251. GESTOS CON LAS MUÑECAS. Puede que no pensemos en las muñecas como una ventana a la mente, pero pueden serlo. Exponemos la parte interna de las muñecas a los demás cuando nos gustan o nos sentimos cómodos con ellos. Sosteniendo una bebida o un cigarrillo, la mujer expondrá esta zona a una persona cercana si está interesada o cómoda. En el momento en que no lo esté, girará la muñeca y solo expondrá la parte exterior de esta. Nuestro sistema límbico nos protege orientando nuestras áreas más sensibles, como la parte inferior de los brazos, el cuello o el estómago, lejos de aquellos que no nos caen bien o que nos parecen amenazantes de alguna manera.

252. PIEL DE GALLINA. También conocida como «carne de gallina», se trata de una reacción involuntaria al frío o incluso al miedo, que suele ser visible en los brazos y las piernas. Lo que produce la apariencia de la piel de gallina es que el pelo se eriza en la superficie de la piel; el término médico para ello es *horripilación* o *piloerección* (ver n.º 253). En los primates, este despliegue es aún más notorio cuando están asustados, ya que su pelo se levanta para hacerlos parecer automáticamente más grandes. Debido a que nosotros como especie hemos perdido la mayor parte de nuestro vello corporal, solo podemos apreciar trazas de piloerección a través de la piel de gallina.

253. ERECCIÓN DEL VELLO (PILOERECCIÓN). Algunas veces, el vello en los brazos, el torso o la parte posterior del cuello se eriza visiblemente. Desde una perspectiva evolutiva, se cree que esto es una respuesta vestigial que compartimos con los primates para hacernos ver más grandes cuando tenemos miedo o estamos asustados o temerosos. Cuando subconscientemente evaluamos a una persona, un lugar o una situación como potencialmente peligrosos, el pelo de la nuca se eriza: cuando lo sientas, toma nota. Estos sentimientos subconscientes de malestar o peligro, según Gavin de Becker en su libro *El valor del miedo*, no deberían ignorarse.

254. SUDAR EXCESIVAMENTE. Las personas que se encuentran sometidas a estrés pueden sudar mucho de repente cuando su cuerpo intenta ventilarse a través de la evaporación. A muchos narcotraficantes los han detenido en la frontera porque eran los únicos que tenían manchas de sudor bajo los brazos, y el cuello les brillaba de humedad cuando se acercaba al oficial de aduanas. La transpiración excesiva puede indicar que una persona está escondiendo algo o que está a punto de cometer un delito. Eso no significa que todo individuo sudoroso sea culpable de algo; simplemente que si lo observamos, nos conviene prestar más atención.

255. AUTOLESIONARSE. Los individuos que sufren de trastorno de personalidad límite, así como otros que son emocionalmente inestables o están deprimidos, pueden llevar cicatrices donde se han cortado, acuchillado o quemado a sí mismos intencionalmente. Reconocer estas señales en los demás es clave para obtener ayuda. Puede que no busquen ayuda por sí mismos, pero nos están comunicando no verbalmente, a través de una lesión autoinfligida, sus problemas de salud mental.

256. MARCAS DE PINCHAZOS. Las personas que consumen heroína y otras drogas intravenosas tendrán cicatrices a lo largo de las venas en la parte interior de los brazos. En el caso de los adictos de larga duración, esto puede ser muy evidente.

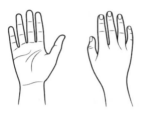

LAS MANOS Y LOS DEDOS

La mano humana es inigualable: es capaz de sujetar un bisturí y llevar a cabo una delicada operación quirúrgica, o de pintar la bóveda de la Capilla Sixtina con un pincel. Las manos son capaces de acunarnos cuando nacemos y, con la misma facilidad, sujetar un hacha con tanta fuerza como para talar un árbol. Las manos nos resultan indispensables para trabajar, para jugar o divertirnos y para protegernos, y contamos con ellas en nuestro día a día para interactuar con el mundo que nos rodea. También las usamos para comunicarnos eficazmente, ya sea para parar el tráfico en un paso de cebra escolar, para dirigir una orquesta o para hacer señas a un amigo para que se acerque rápidamente. Estamos constantemente comunicando a los demás, con las manos, nuestras pasiones, nuestros deseos, nuestras habilidades, nuestras preocupaciones y, lo más importante, nuestro amor, por medio del más delicado uso del tacto.

257. ASPECTO DE LAS MANOS. Se puede saber mucho sobre una persona solo por sus manos. El aseo personal, las cicatrices y los callos pueden indicar el tipo de trabajo que realiza: las manos de un oficinista tienen un aspecto muy diferente a las de un albañil. Del mismo modo, la artritis y los trastornos neurológicos a veces pueden discernirse a partir de la condición en que se encuentren las manos, así como por el movimiento o agitación de los dedos.

258. CUIDADO DE LAS MANOS. Unas manos bien cuidadas son señal de que la persona está sana. Unos dedos limpios, con las uñas bien cortadas, indican que pertenecen a alguien que se cuida, en contraste con alguien que lleve las uñas sucias o largas, con las cutículas descuidadas o pellejos mordisqueados. Unas manos bien cuidadas o de aspecto sano influyen en la imagen que vamos a tener de una persona, tanto al elegir pareja como en el lugar de trabajo.

259. CUÁNTO TOCAMOS A LOS DEMÁS:. La frecuencia con la que tocamos a los demás es una buena manera

de comunicar lo que sentimos por ellos. Aunque hasta cierto punto el grado de contacto depende de la cultura, la mayoría de las veces, cuando nos preocupamos por los demás, tendemos a tocarlos con más frecuencia.

260. CÓMO TOCAMOS A LOS DEMÁS. Se puede tocar de una forma respetuosa, cariñosa, juguetona, sensual, reservada, tierna, cuidadosa o paliativa. Un ligero contacto con la piel puede provocar escalofríos en la columna vertebral y estimular el deseo sexual. De hecho, un leve toque estimula el cerebro de manera diferente que un toque más firme. El contacto amoroso de una persona cariñosa con toda la palma de la mano, caliente por la presencia de sangre cerca de la superficie de la piel, puede comunicar mucho, tanto a un recién nacido como a un amante. Y sin embargo, cuando nuestro jefe nos da una palmadita en el hombro con la punta de los dedos y dice «buen trabajo», sentimos una sensación extraña en la piel, porque no se percibe como algo natural; sabemos que es artificioso y vacío.

261. ESTATUS SOCIAL Y CONTACTO FÍSICO. En la mayoría de las culturas, las convenciones sociales dictan a quién podemos tocar, y cómo. En casi todas las sociedades, los individuos con un estatus más alto tocarán más a menudo a los individuos con un estatus más bajo que al revés. En un ambiente de trabajo, hay más posibilidades de ver al jefe dando una palmadita en el hombro que de ver a un empleado darle una palmadita al jefe. También debemos ser conscientes de cuándo y dónde es apropiado tocar (brazo o codo, por ejemplo) y cómo puede sentarle a la persona.

262. TOCAR PIEL. Este es una expresión[*] a menudo utilizada por los políticos para referirse a estrechar manos, agarrar un brazo, abrazar, o sostener o besar a bebés. El apretón de manos puede ser una oportunidad para que los políticos se humanicen y establezcan vínculos físicos. La conexión es literalmente química, ya que la oxitocina (una hormona poderosa que sirve para unirnos socialmente) se libera cuando tocamos a otros.

263. MANOS EN LAS CADERAS, BRAZOS EN JARRAS, PULGARES HACIA ATRÁS. Decimos que alguien pone los «brazos en jarras» cuando coloca las manos en las caderas, con los pulgares hacia atrás y los codos hacia fuera en un gesto de dominancia. Esto indica que un individuo está preparado y alerta, que tiene algo que comentar o que hay un problema. Los agentes de las aerolíneas me dicen que cuando ven a una persona en esta postura en la cola, pueden estar casi seguros de que se va a quejar de algo. Es una postura muy autoritaria. Y no es, precisamente, la mejor manera de hablar con los hijos:

---

[*] La expresión *Press the flesh*, se suele utilizar en contextos electorales. El juego fonético se da al unir *press*, que significa 'apretar pulsar' y *flesh*, que significa 'carne'.

inhibe la comunicación, ya que los padres parecen instructores militares.

264. MANOS EN LAS CADERAS, BRAZOS EN JARRAS, PULGARES HACIA DELANTE. Esto es más bien una muestra de curiosidad. La posición de los pulgares puede parecer un detalle mínimo y, sin embargo, es importante. Los testigos de un suceso a menudo se quedan de pie contemplándolo de esta manera, mientras que quienes intervienen activamente (policías, bomberos) lo hacen con los pulgares hacia atrás.

265. DEMOSTRAR DOMINIO TERRITORIAL CON LAS MANOS. Extender las manos sobre un escritorio o una mesa es una forma de intimidación leve. Esto se ve a menudo en un mostrador de devolución, donde un cliente enfadado ocupa cada vez más espacio con las manos mientras discute con el encargado. A medida que las emociones aumentan, se puede observar que las manos se van separando cada vez más.

266. ECHARSE ATRÁS EN EL ASIENTO. Echarse atrás en el asiento empujando la mesa bruscamente con el brazo rígido es un indicador muy preciso de que la persona no está de acuerdo con algo dicho o discutido o que podría sentirse amenazada. La velocidad del movimiento es importante: cuanto más rápido se produce, más preocupante resulta.

DICCIONARIO DE LENGUAJE NO VERBAL

267. JUGUETEAR CON ALGÚN OBJETO. Juguetear con las joyas o algún otro objeto (el reloj, dar golpecitos con un lápiz, tomar el móvil, etc.) cumple una función apaciguadora. Esto se observa a menudo en personas que están a punto de pasar una entrevista de trabajo o para entretenerse mientras esperan. Se trata de una conducta diferente del *contacto sustitutivo* (ver n.º 291).

268. RECOLOCAR OBJETOS. Podríamos estar rodeados de objetos, ya sea un lápiz y papel en un escritorio de trabajo o una chaqueta en la butaca del teatro, para establecer el alcance de nuestro territorio. Recolocar los objetos también puede indicar que no estamos totalmente interesados en alguien o que la relación está en peligro. Por ejemplo, en un restaurante tendemos a retirar los objetos de en medio para ver mejor a nuestro acompañante cuando todo va bien. Pero si no es así, colocaremos las flores o la botella de vino de la mesa en nuestra línea de visión como barrera. Es especialmente evidente cuando la persona recoloca los objetos mientras está hablando.

269. EL CAMPANARIO (O LA TORRE). Consiste en unir las puntas de los dedos de ambas manos, con los dedos abiertos e inclinados formando una especie de tejado a dos aguas. Esta es una muestra universal de confianza y un gesto que suelen hacer mucho aquellos que ocupan puestos de liderazgo. La canciller alemana Angela

Merkel adopta este gesto con frecuencia. Sin embargo, hay que tener en cuenta que hablar con mucha seguridad no siempre garantiza que se tenga razón, porque, por ejemplo, una persona puede estar equivocada en cuanto a determinados hechos o datos y, a pesar de ello, hablar con toda confianza. No obstante, este es un gesto útil para convencer a otros de tu compromiso con lo que estás pensando o diciendo.

270. CAMPANARIO MODIFICADO. El *campanario modificado* se realiza entrelazando todos los dedos, con la excepción de los índices, que están erguidos y tocándose en la punta de los dedos. Tiene un aspecto más contrito que el campanario normal, pero sigue significando seguridad y confianza en uno mismo.

271. MANOS EN POSICIÓN DE ACTIVO/PREPARADO. En este gesto, las manos se mantienen separadas unos treinta y cinco centímetros delante del abdomen a la altura de la cintura, con las palmas de las manos una frente a la otra y los dedos separados. Los oradores a menudo hacen esto para captar la atención de la audiencia en un momento importante. Esta no es la posición de la rogatoria (ver n.º 272), que requiere que las palmas de las manos estén mirando hacia arriba; aquí las palmas se miran una a otra como si la persona estuviera sosteniendo una pelota de playa. Este es un gesto útil para incorporarlo a tu repertorio cuando hables en público.

272. MOSTRAR LAS PALMAS HACIA ARRIBA. Esta postura, también conocida como *gesto rogativo*, es un gesto universal de humildad, conformidad o cooperación, utilizado por personas que quieren ser aceptadas o que se las crea. Presentar las palmas de las manos hacia arriba es una forma universal de decir: «Mis manos están limpias», «Aquí no hay nada escondido», «Te lo imploro» o «Estoy a tus órdenes». También se utiliza en ceremonias religiosas para demostrar humildad y piedad.

273. MOSTRAR LAS PALMAS HACIA ABAJO. Mostrar las palmas hacia abajo comunica un mensaje más afirmativo que mostrarlas hacia arriba. Este gesto se puede hacer sobre una mesa o de forma simbólica en el aire. Cuanto más alejados estén los brazos (en un gesto a dos manos), o cuanto más fuerte sea la palmada de la mano, tanto más comprometida estará la persona. Las declaraciones afirmativas como «yo no lo hice», cuando se pronuncian con las palmas apoyadas con firmeza sobre una mesa, tienden a tener mayor validez. A los que mienten les resulta difícil hacer esto correctamente, y el gesto les suele salir demasiado pasivo.

274. PALMAS HACIA ABAJO, DEDOS SEPARADOS. Cuando una persona hace una declaración formal, como «yo no lo hice», con las palmas firmemente colocadas hacia abajo y los dedos abiertos, es más probable que sea una respuesta auténtica. Nunca he visto a un mentiroso realizar este gesto con éxito, probablemente porque la parte del cerebro que piensa no está sincronizada con la parte emocional del cerebro. En otras palabras, saben decir «yo no lo hice», pero no saben cómo escenificarlo porque el lado emocional del cerebro no está totalmente implicado.

275. **RESTRINGIR EL USO DE LAS MANOS.** Algunos investigadores, y más concretamente Aldert Vrij, han señalado que cuando las personas mienten, tienden a usar menos las manos y los brazos. Esto puede ser un poderoso indicador de comportamiento, aunque también puede señalar simplemente timidez o incomodidad. Aquí es donde es tan importante tener una línea de base del comportamiento normal del individuo como referencia. En cualquier caso, aunque debe tenerse en cuenta, no es necesariamente equiparable al engaño.

276. **RETORCERSE LAS MANOS.** Frotarse las manos entre sí, retorciéndoselas, comunica preocupación, duda, ansiedad o inseguridad. El grado de estrés se refleja en la fuerza con que se haga. La presencia de manchitas rojas y blancas en los dedos o en las manos indica un nivel elevado de malestar.

277. **AGARRARSE LOS DEDOS.** Cuando conocemos a alguien por primera vez o nos sentimos un poco inseguros, tendemos a mantener las manos por delante del cuerpo con los dedos entrelazados. Es un comportamiento muy táctil y autotranquilizador. El príncipe Harry adopta a menudo esta postura, pero es algo que todos hacemos mientras esperamos pacientemente en una cola o hablamos con alguien que no conocíamos hasta ahora.

278. MANOS TEMBLOROSAS. Cuando estamos entusiasmados, nerviosos o estresados, nuestras manos pueden empezar a temblar. Los nervios, por supuesto, también pueden ser causados por un trastorno neurológico, una enfermedad o medicamentos, pero en la mayoría de los casos, cuando parece tratarse de una persona sana, debemos tenerlo en cuenta. Cuando alguien está estresado o nervioso, se le pueden caer las cosas, como por ejemplo una copa, o se puede observar que una cuchara le tiembla en la mano. Los dedos y las manos pueden temblar incontrolablemente después de un accidente o cuando se nos notifican noticias terribles.

279. UTILIZAR LAS MANOS COMO ANCLAJE. Aquí es donde tomamos posesión de un objeto para que otros sepan que es nuestro o agarramos a otra persona, como cuando estás hablando con alguien que te cae bien y usas las manos como punto de sujeción, para que los demás se mantengan alejados. Esto suele observarse más que nada en bares o en fiestas: los hombres giran alrededor del punto de anclaje como si estuvieran permanentemente unidos para asegurarse de que los demás no se entrometan. Esto constituye un gesto de territorialidad.

280. PONERLE LA PALMA DE LA MANO DELANTE DE LA CARA A ALGUIEN. Esto podría ser la última afrenta en una discusión. Ponerle la palma de la mano delante de la cara a la otra persona le dice que se detenga, que no vaya más lejos. Esto puede ser un gesto muy insultante y por supuesto no tiene lugar en la comunicación interpersonal amigable y ni en los negocios.

281. TOCARSE MIENTRAS SE RESPONDE. Fíjate en las personas que mientras responden a una pregunta recurren a un gesto autotranquilizador (puede ser cualquier contacto de la mano con el resto del cuerpo) en lugar de enfatizar su respuesta con sus gestos. A lo largo de los años he notado que estos individuos tienen menos confianza en sí mismos que aquellos que al responder usan las manos para ilustrar un punto.

282. DEDOS ENTRELAZADOS Y PULGARES HACIA ARRIBA. Las declaraciones hechas con los pulgares hacia arriba mientras los dedos están entrelazados indican confianza. Por lo general, la gente hace esto con las manos en el regazo o encima de un escritorio o mesa; sus pulgares se levantan mientras enfatizan genuinamente un punto. Este es un comportamiento que puede cambiar dependiendo de las emociones que se sientan en el momento, así como del grado de compromiso de la persona con lo que está diciendo.

283. DEDOS ENTRELAZADOS Y PULGARES HACIA ABAJO. Los dedos entrelazados con los pulgares hacia abajo tienden a mostrar un bajo grado de confianza o emociones negativas sobre lo que se está discutiendo. Cuando estamos realmente seguros de lo que decimos, tendemos a elevar los pulgares subconscientemente. Como se mencionó anteriormente, esto es muy cambiante: los pulgares pueden ir de arriba hacia abajo durante una conversación, dependiendo de cómo se sienta genuinamente la persona respecto a los diferentes puntos que vayan surgiendo.

284. MASAJEAR EL PULGAR. El masaje del pulgar es un apaciguador leve. Las manos están entrelazadas y el pulgar que se encuentra encima frota al que está debajo de forma repetida. Normalmente vemos esto cuando alguien está esperando que suceda algo, aunque también puede indicar nerviosismo o ansiedad.

285. HACER GIRAR LOS PULGARES. Hacer girar los pulgares es una manera de pasar el tiempo o de soportar pequeñas cantidades de estrés. Al ser un gesto repetitivo, resulta calmante para el cerebro.

286. JUNTAR LOS DEDOS. Cuando nos sentimos preocupados, desconcertados, humillados, asustados o acorralados, subconscientemente disminuimos el espacio entre nuestros dedos, juntándolos. En un caso extremo, cuando estamos muy preocupados, los juntamos y los doblamos. Aquí, nuestro cerebro límbico se asegura de que nuestros dedos no se aflojen cuando hay una amenaza.

287. PULGARES HACIA FUERA. Cuando nos sentimos seguros, el pulgar se separa del índice. Esto se observa fácilmente cuando las manos están sobre una mesa. De hecho, la distancia entre el pulgar y el índice puede servir como indicador del nivel de confianza de una persona. También puede mostrar su nivel de compromiso con lo que está diciendo: cuanto mayor es la distancia, más fuerte es el compromiso.

288. RETIRAR LOS PULGARES. Cuando nos sentimos inseguros o amenazados, retiramos los pulgares inconscientemente y los colocamos al lado o debajo del resto de los dedos. Hacer esto de repente significa que la persona está preocupada, inquieta o se siente amenazada. Esta es una táctica de supervivencia, similar a la de los perros cuando agachan las orejas para hacerse más eficientes en caso de necesidad de escapar o pelear.

289. MOSTRAR LOS PULGARES. Observa cómo algunas personas muestran los pulgares mientras se agarran la solapa de una chaqueta o los tirantes de un pantalón. Es algo que veo que hacen los abogados en los juzgados frecuentemente. Al igual que con gestos en los que se muestran los pulgares hacia arriba, normalmente significa que la persona está segura de lo que está haciendo, pensando o diciendo.

290. PULGAR HACIA ARRIBA COMO SIGNO DE *OK*. Esto, por supuesto, es una manifestación muy positiva en los Estados Unidos, que indica que todo está bien. En una época se usaba habitualmente para hacer autostop. Hay que tener en cuenta que, en algunas culturas, como en Oriente Medio, un pulgar levantado es un símbolo fálico y debe evitarse.

291. CONTACTO SUSTITUTIVO. A veces, al principio de una relación romántica, queremos estar en contacto físico más cercano con la otra persona, pero sentimos que es demasiado pronto. Así que transferimos esos deseos a un objeto. Podríamos acariciar nuestro propio brazo o deslizar la mano alrededor de un vaso repetidamente. El *contacto sustitutivo* es una forma de coqueteo subconsciente, así como un alivio del estrés que a menudo sirve como un sustituto eficaz para el contacto que deseamos.

292. CONTACTO RECÍPROCO. Aquí es donde alguien se acerca para tocarnos y nosotros le devolvemos el contacto. Por lo general, es un signo de armonía social y comodidad con los demás, por lo que cuando no es recíproco, puede haber un problema. A menudo en las relaciones laborales, cuando alguien está a punto de ser despedido o lo van a bajar de categoría, se observará menos contacto por parte del supervisor en los días previos. Esto también sucede en situaciones en las que está a punto de haber una ruptura en una relación.

293. AFERRARSE A LOS MUEBLES. Cuando una persona se aferra a su silla, o al borde de un escritorio o podio, al hacer una declaración, está comunicando duda e inseguridad. He tenido ocasión de observar este comportamiento cuando alguien desconfía o duda a la hora de firmar un contrato. Como observador, siempre debes preguntarte qué es lo que está provocando este comportamiento, a qué se debe esa inseguridad.

294. MOSTRAR DEPENDENCIA. Cuando los niños están estresados, se agarran a la ropa del pariente más cercano para tranquilizarse. En ausencia de la madre o el padre o de algún objeto, también pueden agarrarse a su propia ropa como si se tratara de una manta de seguridad, que en esencia es lo que es para ellos. Esta experiencia táctil puede ser muy tranquilizadora psicológicamente. Los adultos a veces también lo hacen, por ejemplo cuando se preparan para una entrevista de trabajo o para pronunciar un discurso. El gran tenor Luciano Pavarotti solía llevar un pañuelo en la mano mientras actuaba, porque, según dijo en entrevistas, le hacía sentirse más «seguro» y «calmado».

295. HACER ÉNFASIS CON LAS MANOS. Cuando nos sentimos cómodos, nuestras manos gesticulan y enfatizan naturalmente. En algunas culturas, especialmente alrededor del Mediterráneo, la gente tiende a hacer gestos más enfáticos, y estos gestos son muy significativos en su contexto. Los grandes oradores también hacen gestos con frecuencia. Los investigadores nos dicen que cuando la gente empieza a mentir de repente, hacen menos gestos con las manos y con menos énfasis. Si las manos de repente se vuelven pasivas o se refrenan, es probable que la persona esté perdiendo la confianza en lo que está diciendo, por la razón que sea.

296. ENSEÑAR EL DEDO. Paul Ekman fue un pionero en psicología al ser el primero en señalar que las personas que sienten inquina hacia otros subconscientemente le hacen el gesto del «dedo» (el dedo *indecente* suele ser el dedo corazón, que es el más largo, como en el gesto de «¡que te den!») rascándose la cara o el cuerpo con él, o simplemente ajustándose las gafas con ese dedo. Es una señal subconsciente de falta de respeto.

297. SEÑALAR CON EL DEDO. A nadie le gusta que lo señalen con el dedo, y esto es algo prácticamente universal, por lo que queda mejor señalar con la mano o varios dedos juntos que con un solo dedo, sobre todo en un ambiente profesional o romántico, y no solo para señalar a una persona, sino también un objeto, como por ejemplo cuando se le indica a alguien dónde hay un asiento.

298. **GESTO DE CLAVAR EL DEDO.** El gesto de señalar a otro como si se le fuera a clavar un dedo en el pecho o en la cara es un comportamiento extremadamente hostil, una forma muy grosera de dirigirse a alguien en una situación conflictiva; y si no es solo un gesto simbólico, sino que se lleva a cabo físicamente, es mucho más amenazador.

299. **USAR EL DEDO COMO BATUTA.** Aquí el dedo índice se utiliza para mantener un ritmo en el habla, la cadencia o la música. Proporciona énfasis cuando sigue a un punto en el discurso. Es más frecuente en los países mediterráneos, y algunas personas se ofenden con ese «dedo que se mueve» porque no entienden que es un rasgo cultural, utilizado para enfatizar, y no necesariamente un gesto hostil.

300. **GESTO DE EMPUJAR CON LAS DOS MANOS.** Esto se suele observar en personas que hablan en público: colocan las dos manos de cara a la audiencia, como si estuvieran empujando. Esto tiene una connotación negativa subconsciente, como cuando alguien dice «sé cómo te sientes», mientras que en esencia gesticula un «vete».

301. MORDERSE LAS UÑAS. Morderse las uñas o las cutículas es una manera de aliviar la tensión o la ansiedad. Constituye una muestra de preocupación, falta de seguridad en uno mismo o inseguridades en general. Incluso las personas que normalmente no se muerden las uñas pueden, en un momento dado, encontrarse haciéndolo en una situación de mucho estrés. Esta es una conducta que puede llegar a ser patológica, hasta el punto de autolesionarse la piel o los dedos, destrozándose las cutículas y tejido sano de alrededor de las uñas.

302. TAMBORILEAR CON LOS DEDOS. Tamborilear con los dedos sobre una mesa o una pierna puede servir para entretenerse y, al igual que otros comportamientos repetitivos, también para tranquilizarse. En entornos profesionales, esto se ve cuando la gente espera a que alguien aparezca o termine de hablar. Es una forma de decir: «Venga, pongamos las cosas en marcha». Esto es similar al tamborileo sobre las mejillas (ver n.º 170).

303. METERSE LAS MANOS EN LOS BOLSILLOS. A muchas personas les reconforta meterse una mano en el bolsillo, o las dos, mientras hablan con los demás. Pero a veces esto se considera demasiado informal y en algunas culturas se considera grosero. Cabe señalar que algunas personas piensan, erróneamente, que tener las manos metidas en los bolsillos es sospechoso o engañoso.

304. MASAJEARSE EL PUÑO CERRADO. Masajearse un puño con la otra mano constituye un comportamiento tranquilizador que, normalmente, significa que una persona está preocupada o tiene algún problema que le está causando una gran tensión subyacente. Esto se ve mucho en los jugadores de póquer y en los corredores de bolsa, así como en situaciones en las que hay en juego grandes sumas de dinero.

305. EL PUÑO DEL PONENTE. A veces vemos a un orador cerrar el puño al explicarse con mucha vehemencia. Esto ocurre con frecuencia, sobre todo si se trata de un ponente muy teatral o que habla con mucho entusiasmo. Lo que no es tan habitual es ver este mismo gesto en alguien que espera que le toque el turno para hablar. Esto suele indicar problemas acumulados, energía contenida, o anticipación de algún tipo de respuesta física. Se dice que Theodore Roosevelt, una *dínamo* de acción y aventura, siempre se sentaba con los puños cerrados, como si estuviera conteniendo su enorme energía.

306. FROTARSE LAS PALMAS CON LOS DEDOS. Frotarse la palma de la mano con los dedos constituye una conducta autoapaciguadora. Cuando se hace repetitivamente, o aumentando cada vez más la presión, indica gran ansiedad y preocupación. Se puede hacer frotándose la palma de la mano con las yemas de los dedos de la misma mano o de la otra mano.

307. FROTARSE LOS DEDOS EN «CAMPANARIO». Cuando una persona siente preocupación, estrés, ansiedad o miedo, puede apaciguarse frotándose entre sí los dedos entrelazados y rectos. Al tener los dedos entrelazados, se estimula una mayor superficie de contacto al frotárselos entre sí, lo cual ayuda a aliviar la tensión. Este es uno de los mejores indicadores de que algo va muy mal o de que alguien está muy estresado. Este comportamiento generalmente se reserva para cuando las cosas están especialmente mal. En situaciones menos graves, nos retorceremos las manos o las frotaremos entre sí sin entrelazar los dedos.

308. DEDOS ENTRELAZADOS, CON LAS PALMAS HACIA ARRIBA O HACIA ABAJO. Esta es una variante extrema del gesto de entrelazar los dedos para desplazar la tensión. Aquí la persona sostiene las palmas de las manos hacia arriba y entrelaza los dedos, llevando las manos hacia arriba hacia la cara y formando un triángulo de aspecto incómodo, con los codos hacia abajo y las palmas de las manos arqueadas hacia arriba. O, en la variante de palmas hacia abajo, las palmas permanecen orientadas hacia abajo y los dedos se entrelazan delante de la entrepierna tensándolos como si se fueran a romper los nudillos. Esta contorsión de los brazos y los dedos, al tensionar los músculos, las articulaciones y los tendones de la mano, alivia el estrés. Esto lo vi, por ejemplo, una vez que un adolescente que había tenido un accidente con el coche de sus padres esperaba a que su madre viniera a recogerlo.

309. CRUJIRSE LOS NUDILLOS. Crujir los nudillos, en todas sus variantes, constituye una conducta autoapaciguadora. Este acto a algunas personas parece aliviarles la tensión, así que lo vemos cuando están tensas o nerviosas, o incluso aburridas. La gente puede hacerse crujir cada nudillo individualmente o todos los dedos de una mano a la vez. Cuanto más estrés siente la persona, más frecuentemente lo hace.

310. HACERSE CRUJIR LOS NUDILLOS CON LOS DEDOS ENTRELAZADOS. Este comportamiento se realiza entrelazando los dedos, con los pulgares hacia abajo, y luego estirando los brazos hacia delante hasta que los nudillos crujen. Al igual que en el caso de otros gestos contorsionados similares, significa un alto grado de incomodidad psicológica, estrés o ansiedad. También sirve como un doble apaciguador: entrelazar los dedos y hacerse crujir los nudillos. Este comportamiento suele ser más frecuente entre los hombres que entre las mujeres.

311. DARSE PALMADITAS EN LAS PIERNAS. Algunas personas se dan palmaditas en las piernas con las manos (normalmente cerca de los bolsillos) cuando están impacientes o se están exasperando. Veo esto todo el tiempo en la gente que espera para registrarse en los hoteles.

La naturaleza táctil y repetitiva de este acto hace que sea útil como distracción y como autoapaciguador.

312. ACICALAMIENTO. No solo las aves se acicalan. El acicalamiento puede tomar muchas formas: ajustar una corbata, recolocar una pulsera, alisar una arruga de la camisa, arreglarse el cabello, volver a aplicarse el pintalabios, arrancarse un pelito de una ceja, etc. Nos acicalamos cuando nos importa lo suficiente como para querer tener el mejor aspecto posible. El acicalamiento del cabello cuando estamos interesados en alguien románticamente es especialmente común. Acariciarse el pelo en un gesto repetitivo también nos hace más visibles. Curiosamente, cuando los abogados hacen algo tan simple como tirarse de la chaqueta (un comportamiento de acicalamiento) cuando los miembros del jurado entran en la sala, estos subconscientemente los perciben como más agradables.

313. ACICALARSE (DESPRECIATIVAMENTE). Hay otro tipo de acicalamiento distinto: el que se hace como un gesto despectivo o irrespetuoso, casi lo contrario del descrito anteriormente. El acto de quitarse una pelusa o un pelo de la ropa o de limpiarse las uñas cuando otra persona se dirige a uno, en el mejor de los casos, queda feo y, en el peor, es una falta de respeto, e incluso despectivo.

314. **LA MANO SOBRE LA PIERNA CON EL CODO HACIA FUERA.** Sentarse con una mano en la pierna, con el codo hacia fuera, generalmente indica una gran confianza en sí mismo. Cuando este comportamiento aparece y desaparece durante la conversación o exposición, nos muestra cómo aumenta y disminuye dicha confianza. El codo hacia fuera es una muestra de territorialidad.

315. **CURVAR LOS DEDOS Y CHASQUEAR LAS UÑAS.** Con frecuencia, cuando las personas están nerviosas, agitadas o estresadas, curvan los dedos (generalmente los de una mano) y chasquean las uñas contra el pulgar. Pueden chasquear un dedo o varios alternativamente. Es una manera de apaciguarse y puede ser a la vez molesto y ruidoso para los demás.

316. **EL APRETÓN DE MANOS.** Estrecharse la mano (darse un apretón de manos) constituye el gesto de saludo por excelencia de la cultura occidental, tanto en el ámbito personal como en el profesional (aunque debemos recordar que la costumbre de dar la mano no es universal; en algunas culturas, hacer una inclinación o dar un beso en la mejilla puede ser más apropiado). Un apretón de manos es a menudo el primer contacto físico y la primera impresión que se tiene de otra persona, por lo que es importante hacerlo bien. Piensa en cuántas veces has recibido un «mal» apretón de manos (demasiado fuerte, demasiado húmedo, demasiado blando,

demasiado largo). Un mal apretón de manos deja una impresión negativa que puede durar en nuestra mente mucho tiempo y nos hace reacios a estrechar la mano de esa persona de nuevo. Por su parte, un buen apretón de manos comienza con un buen contacto visual, una sonrisa si es apropiado y el brazo extendido con una ligera flexión en el codo. Los dedos se acercan a la mano de la otra persona apuntando hacia abajo, las manos se cierran con la misma presión (a nadie le interesa que seas capaz de abrir nueces con las manos desnudas), envolviéndose entre sí (esto permite la liberación de la hormona oxitocina, que aumenta el lazo social), y después de un segundo, aproximadamente, las manos son liberadas. Las personas mayores requerirán menos presión y los individuos con un estatus más alto establecerán la duración del apretón de manos y la cantidad de presión que se aplicará.

317. **OFRECER UN APRETÓN DE MANOS CON EL OTRO BRAZO.** En algunas culturas, sobre todo en algunas partes de África, es costumbre saludar a una persona venerada o importante sosteniendo la mano derecha extendida y con el antebrazo apoyado sobre la mano izquierda. La mano es literalmente ofrecida como si fuera algo precioso, con la esperanza de que aquel a quien se la ofrece la tome, honrando así al oferente. Este gesto puede parecer extraño al principio para los observadores occidentales, pero es un gesto de deferencia y gran respeto y debe ser aceptado como tal.

318. *NAMASTÉ.* En este saludo tradicional indio, se juntan las palmas de las manos justo delante del pecho, con los dedos apuntando hacia arriba y los codos hacia fuera, a veces acompañado de una pequeña inclinación hacia delante o reverencia, y una sonrisa. Se usa como un saludo formal que, en cierto modo, reemplaza el apretón de manos, y también se puede usar para decir «hasta luego». Este gesto tiene un significado más profundo que el apretón de manos occidental y debe recibirse con respeto.

319. **AGARRARSE DE LA MANO.** Agarrarse de la mano es una tendencia humana innata; observamos a los niños haciéndolo muy temprano, primero con sus padres y luego con sus compañeros de juego. En las relaciones románticas, tanto su frecuencia como la forma en que se manifiesta (ya sea con la mano o con los dedos entrelazados, algo más íntimo y estimulante) pueden ser una señal de la cercanía o la seriedad de la relación de pareja. Y en algunas partes del mundo, como Egipto, Arabia Saudita y Vietnam, es muy común ver hombres caminando juntos tomados de la mano.

320. **HACER LA SEÑAL DE *OK* (INDICAR PRECISIÓN).** Cuando se habla de algo muy preciso, los oradores mantienen las yemas del dedo índice y del pulgar unidas formando un círculo, lo que en los Estados Unidos llamamos la señal de *OK*. Este gesto es muy común en todo

el Mediterráneo y se utiliza para enfatizar un punto específico mientras se habla. En los Estados Unidos también empleamos este gesto para indicar que estamos de acuerdo o que todo va bien. Sin embargo, en otros países, como Brasil, puede interpretarse erróneamente como un gesto vulgar que hace referencia a cierto orificio.

321. **EL PULGAR DEL POLÍTICO.** Cuando los políticos hablan, a menudo extienden el brazo hacia la audiencia o hacia arriba en el aire haciendo un círculo con el pulgar y el índice para hacer énfasis en lo que están diciendo. Una vez más, vemos esto más en los Estados Unidos que en otros países y, por lo tanto, es en parte cultural. Bill y Hillary Clinton, Barack Obama y el primer ministro canadiense, Justin Trudeau, recurren a menudo a este gesto, que se suele utilizar para precisar una idea o hacer énfasis sobre algo concreto.

322. **JUGUETEAR CON EL ANILLO O ALIANZA.** Juguetear con un anillo o alianza dándole vueltas o quitándoselo y poniéndoselo es un comportamiento repetitivo que la gente usa a veces para calmar los nervios o para entretenerse. No es, como algunos aseguran, una indicación de infelicidad marital, sino, simplemente, un comportamiento repetitivo autotranquilizador.

323. **ALEJAR DE SÍ ALGÚN OBJETO.** Cuando tenemos sentimientos negativos hacia algo o alguien, a menudo

intentamos distanciarnos de manera inconsciente. Las personas que siguen una dieta pueden, por ejemplo, alejar una panera unos centímetros, empujándola, durante la cena o incluso pedir que se retiren las copas vacías de una mesa para evitar las bebidas alcohólicas. He visto a delincuentes que se niegan a tocar una fotografía tomada por una cámara de vigilancia, o que la alejan, porque se reconocen a sí mismos en la imagen. Estos son comportamientos importantes que se deben tener en cuenta porque revelan lo que es prioritario en la mente de la persona en ese momento.

324. RENUENCIA A TOCAR A ALGUIEN CON LAS PALMAS DE LAS MANOS. La constante renuencia de un padre o madre a tocar a su hijo con la palma de la mano puede ser señal de problemas importantes, ya sea indiferencia hacia el niño o alguna otra forma de distanciamiento psicológico fuera de lo normal. De la misma manera, cuando las parejas dejan de tocarse con la palma de la mano, y en lugar de eso se limitan a hacerlo con las puntas de los dedos, es probable que haya problemas en la relación (ver n.º 260).

325. MOVIMIENTOS ERRÁTICOS DE LAS MANOS Y LOS BRAZOS. A veces nos encontramos con un individuo que hace movimientos erráticos con los brazos y las manos, de manera que pueden estar fuera de sincronía con el resto del cuerpo y con el entorno. En estos casos, lo mejor que podemos hacer es aceptar que podemos estar ante una persona con algún problema o trastorno mental. Ser capaz de reconocer y entender tal situación es fundamental para poder, a su vez, prestar ayuda si es necesario, en lugar de quedarse mirando como si se tratara de un espectáculo.

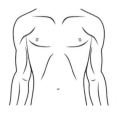

EL PECHO, EL TORSO
Y EL VIENTRE

E l torso alberga la mayor parte de los órganos vitales, normalmente constituye la parte del cuerpo más grande en cuanto a masa y es la zona que tendemos a proteger primero cuando nos sentimos amenazados. Es la valla publicitaria del cuerpo, que ofrece pistas (con ayuda de nuestra ropa) sobre quiénes somos, a qué grupo pertenecemos, qué hacemos para ganarnos la vida e incluso si estamos físicamente en forma. Y, por supuesto, gran parte de los órganos vitales, como el corazón y los pulmones, se encuentran en el torso. El torso, aunque raramente se reconozca en el estudio de la comunicación no verbal, es en realidad un buen lugar para recopilar información sobre las personas, desde sus preferencias y hábitos de vida hasta cómo se sienten.

326. RESPIRACIÓN RÁPIDA Y AGITADA. Una respiración rápida y agitada generalmente indica estrés, preocupación, miedo, inquietud o enfado. El contexto es importante, por supuesto, ya que hay muchas razones para este comportamiento, como son la edad, si se acaba de hacer un esfuerzo físico, la ansiedad o, incluso, un ataque cardíaco. Lo importante es observar y estar preparados para actuar si es necesario.

327. RESPIRACIÓN RÁPIDA Y SUPERFICIAL. La respiración superficial y rápida generalmente indica miedo o ansiedad, o tal vez incluso un ataque de pánico. Tenemos que prestar atención a la profundidad de la respiración de una persona para medir su nivel de ansiedad. Cuanto menos profunda y más rápida sea la respiración, mayor será la angustia. Resulta útil inhalar una sola vez y luego exhalar durante el mayor tiempo posible (de tres a cinco segundos) y luego repetir; esto ayudará a reducir la frecuencia respiratoria.

328. PRESIONARSE EL PECHO. En situaciones tensas, una persona presionará sobre su propio pecho/zona del diafragma con los dedos pulgar y corazón (a veces todos los dedos) para aliviar el estrés acumulado de forma repentina. La presión que se ejerce de este modo sobre el plexo solar o celíaco, cerca del centro del pecho, que es rico en nervios, parece tener un efecto apaciguador. Esta presión puede ser muy ligera o extremadamente fuerte, dependiendo de las necesidades del individuo. No es raro ver que alguien que recibe una noticia terrible se presione el pecho.

329. MASAJEARSE LA CLAVÍCULA. Hay personas que, cuando están estresadas, se masajean la clavícula con la mano del lado contrario, por ejemplo colocándose la mano derecha sobre la clavícula izquierda. Poner el brazo a través del centro del cuerpo produce una sensación de protección, mientras que el masaje de la clavícula, al ser un contacto repetitivo, tiene un efecto calmante. Esta zona del cuerpo es muy sensible al tacto, por lo que se considera una zona erógena.

330. RASTRILLARSE EL PECHO CON LOS DEDOS. Masajearse de manera repetitiva la parte superior del pecho con los dedos moviéndose como un rastrillo hacia delante y hacia atrás es normalmente un buen indicador de inseguridad, preocupación o problemas. Este comportamiento señala de forma altamente fiable la presencia de ansiedad o incluso de un inminente ataque de pánico. Lo que marca la diferencia es que se hace con los dedos en forma de garra o rastrillo, en lugar de masajearse con toda la palma de la mano.

331. PALMA DE LA MANO SOBRE EL PECHO. En muchas culturas, las personas se colocan la palma de la mano sobre el pecho para transmitir sinceridad y como un gesto de buena voluntad cuando se encuentran con otros. Según mi experiencia, esto es algo que hacen tanto los individuos honestos como los que no lo son, por lo que debemos tratar este gesto como neutral. No es ni evidencia de honestidad ni de sinceridad, aunque pueda ofrecerse como tal. En un entorno forense, si alguien dice «yo no lo hice», el hecho de colocar la palma de la mano sobre el pecho no debería considerarse relevante, por muy bien que lo haya hecho. Sin embargo, he notado a lo largo de los años que la gente sincera tiende a presionar con más fuerza, con los dedos más separados y con la palma de la mano extendida sobre el pecho, mientras que aquellos que intentan engañar tienden a hacer contacto principalmente con la punta de los dedos, y no con mucha fuerza. Aun así, no existe un comportamiento que sea exclusivo del engaño, y este desde luego no lo es. Lo más prudente, antes de llegar a una conclusión sobre la honestidad o sinceridad de una persona, sería simplemente analizar este gesto y cómo se lleva a cabo en relación con otros comportamientos, en conjunto.

332. TIRARSE DE LA ROPA. Tirarse de la parte delantera de la camisa o camiseta sirve para airearse. Tanto si se tira del cuello de la prenda y se mantiene así unos segundos como si se dan repetidos tirones, esta conducta sirve para aliviar el estrés y, como ocurre con la mayoría de las conductas de ventilación, constituye un buen indicador de que ocurre algo. Obviamente, en un ambiente caluroso, las conductas de ventilación pueden estar relacionadas simplemente con que la persona tenga calor, y no con que esté estresada. Sin embargo, hay que recordar que el estrés hace que se eleve la temperatura corporal, y que esto ocurre muy rápidamente, lo cual explica por qué, en una reunión difícil o exigente, se puede observar a las personas ventilándose. Las mujeres a menudo se ventilan tirando del escote o el cuerpo del vestido. También es importante tener en cuenta si se presenta esta conducta en un ámbito forense: si una persona se pone a ventilarse cuando se le hace una pregunta, o al contestar, es muy probable que esa pregunta no le haya gustado por algún motivo.

333. JUGUETEAR CON LA CREMALLERA. Juguetear con la cremallera de la sudadera o de la chaqueta constituye una manera de apaciguarse cuando uno está tenso o nervioso. A veces los estudiantes lo hacen antes de un examen, si están preocupados, al igual que los jugadores de póquer cuando están inquietos al ver disminuir sus beneficios. No obstante, hay que recordar que esta es una conducta autotranquilizadora, pero también es algo que puede hacerse por aburrimiento.

334. APARTARSE. Apartarse físicamente de una persona es un gesto que constituye una forma de distanciamiento psicológico. Si estamos sentados al lado de alguien que dice algo cuestionable, es posible que nos alejemos sutilmente de él. A menudo vemos esto en los programas de entrevistas. Rara vez nos damos cuenta de cuánto nos alejamos de los demás cuando los encontramos desagradables.

335. ECHARSE HACIA ATRÁS EN EL ASIENTO. Empujar la silla hacia atrás y alejarnos de los demás en la mesa es básicamente una conducta de distanciamiento que nos ayuda a aislarnos un poco para poder pensar y reflexionar sobre algo. Quienes no están convencidos o todavía están considerando alguna cuestión, a menudo se alejan un poco hasta que se sienten preparados para participar, y luego se sientan de nuevo hacia delante. Para algunos es una forma de comunicar que se están tomando unos minutos para reflexionar sobre algo o han decidido que no pueden apoyar lo que se está discutiendo; por lo tanto el alejamiento es una demostración de cómo se sienten, y es aquí donde otros comportamientos faciales son útiles para poder interpretar el significado de los gestos en su conjunto.

336. ECHARSE HACIA DELANTE EN EL ASIENTO. Cuando do estamos dispuestos a negociar de buena fe, o a llegar a un acuerdo, tendemos a pasar de una posición de reclinación en nuestro asiento a echarnos hacia delante en él. Esto a menudo transmite que hemos decidido seguir adelante. Se ha de tener cuidado, al sentarse en una mesa o escritorio que es estrecho, de no intimidar a la parte negociadora inclinándose demasiado. En caso de negociar con un equipo, asegúrate de que todos estén sentados de la misma manera y de que nadie del equipo revele involuntariamente que están deseosos de aceptar los términos de la negociación antes de que sea el momento de darlo a conocer abiertamente.

337. APARTAR EL TORSO / RECHAZO VENTRAL. Nuestra zona ventral o del vientre es una de las más vulnerables del cuerpo. La alejaremos de los demás cuando no nos caigan bien, nos pongan nerviosos o no nos guste lo que estén diciendo. Al conocer a alguien que no te interesa, puede que tu saludo facial sea amistoso, pero tu vientre se va a apartar inconscientemente; es lo que se llama negación ventral: esencialmente, negarle a esa persona tu lado más vulnerable. Esto puede ocurrir incluso entre amigos si se dice algo desagradable.

338. PONERSE DE FRENTE. Cuando alguien nos cae bien, volvemos la zona ventral hacia él. Podemos ver este comportamiento incluso en los bebés. Indica que quien muestra este comportamiento está interesado y se siente cómodo. Cuando estamos sentados y nos encontramos con alguien que nos gusta, con el tiempo también

dirigiremos los hombros y el torso hacia esa persona. En resumen, mostramos nuestro interés gradual hacia los demás poniéndonos con el vientre de frente.

339. PROTEGERSE EL VIENTRE. Taparse repentinamente el vientre con algún objeto, como un bolso o una mochila, sugiere inseguridad o incomodidad con lo que se está hablando. La gente usa de todo, desde almohadas (una pareja discutiendo en casa) hasta mascotas o sus propias rodillas para protegerse la zona ventral cuando se sienten amenazada o vulnerable.

340. ECO POSTURAL (IMITACIÓN). Nuestro torso tiende a hacer eco de la postura de aquellos con quienes nos sentimos cómodos; esto se llama *isopraxis*. Al estar de pie con amigos, podemos imitar inconscientemente la postura relajada del otro, lo que constituye una buena señal de que nos sentimos a gusto en su compañía. En las citas veremos a uno inclinarse hacia delante y al otro, si se siente cómodo, imitando ese comportamiento. El reflejo sugiere acuerdo en la conversación, el estado de ánimo o el temperamento.

341. ESTAR SENTADO RÍGIDAMENTE. Cuando una persona permanece sentada muy rígidamente sin moverse durante largos períodos de tiempo, es señal de que está sufriendo estrés. Esto es parte de la *respuesta de congelación*, que a menudo se observa en entornos forenses, entrevistas con la policía y declaraciones, cuando la gente tiene tanto miedo que no puede moverse. La respuesta de congelación se produce inconscientemente, como si la persona acabara de enfrentarse a un león. Sentarse rígidamente no es una señal de engaño sino un indicador de incomodidad psicológica.

342. EFECTO ASIENTO DE EYECCIÓN. Una persona en una entrevista estresante o que ha sido acusada de algo puede estar sentada en su asiento como si estuviera a punto de ser expulsada de un avión militar, sujetándose fuertemente a los reposabrazos. Esto también es parte de la respuesta de congelación, e indica una profunda angustia o sensación de amenaza. Lo que destaca en este comportamiento es el aspecto tan rígido que presentan estos individuos, como si estuvieran metafóricamente en peligro de muerte y se estuvieran aferrando a la vida.

343. ALEJARSE CON LA SILLA. Esta es una forma de distanciamiento a la que se recurre cuando alejarse de los demás no es suficiente. Simplemente se mueve la silla cada vez más hacia atrás o hacia fuera como si nadie se diera cuenta. He visto discusiones enconadas en el ámbito académico, en las que un profesor se alejaba completamente de la mesa y se dirigía a un rincón de la habitación cerca de la ventana, como si esto fuera algo normal. Este comportamiento está motivado a un nivel subconsciente para proteger el propio lado ventral a través del distanciamiento cuando se está percibiendo una situación amenazante, aunque se trate solo de palabras o ideas.

344. **ENCORVARSE.** Ir encorvado muestra relajación o indiferencia, dependiendo del contexto. Es algo que hacen los adolescentes al tratar con sus padres para demostrar que todo les da igual. En un entorno profesional formal, se debe evitar ir encorvado.

345. **INCLINARSE HACIA DELANTE.** En situaciones de conmoción emocional, las personas pueden inclinarse hacia delante doblando la cintura mientras están sentadas o de pie, como si experimentaran un malestar intestinal. Por lo general, esto se hace con los brazos cruzados sobre el estómago. Vemos este comportamiento en hospitales y otros lugares en los que es frecuente que se reciban noticias especialmente malas o chocantes.

346. **POSICIÓN FETAL.** En un estado de estrés psicológico extremo, una persona puede adoptar la posición fetal. Esto se ve a veces durante intensas discusiones entre parejas, en las que uno de sus miembros está tan abrumado por las emociones que levanta las rodillas y se sienta en posición fetal (en silencio) intentando soportar el estrés o bien se abraza a una almohada o algún otro objeto, apretándoselo contra el abdomen (ver n.º 339).

347. FRÍO CORPORAL. Cuando alguien está estresado, puede sentir frío en un ambiente que normalmente le resultaría cómodo. Esta es una respuesta del sistema autónomo, en la cual la sangre va a los músculos más grandes, lejos de la piel, cuando nos encontramos ante una amenaza inminente, estrés o ansiedad, para prepararnos para correr o pelear.

348. VESTIR EL TORSO. La ropa comunica información sobre quien la lleva puesta, a quien puede proporcionar ciertas ventajas. A menudo sirve para mostrar estatus social. Desde las marcas de renombre hasta los colores que usamos, la ropa marca la diferencia en la forma en que se nos percibe. Puede hacernos parecer más sumisos o más autoritarios, o puede catapultarnos a ese puesto de trabajo que deseamos. También puede comunicar de dónde somos o incluso hacia dónde nos dirigimos en la vida, así como los problemas que podamos estar teniendo. En todas las culturas que se han estudiado, la ropa juega un papel importante. Es un elemento más que debemos tener en cuenta a la hora de evaluar a un individuo para descifrar la información que transmite sobre sí mismo.

349. CUBRIRSE EL VIENTRE DURANTE EL EMBARAZO. Las mujeres a menudo se cubren el hueco supraesternal o la garganta con una mano cuando se sienten preocupadas o inseguras. Pero cuando están embarazadas, a menudo levantan la mano como para llevarla al cuello, pero luego la desplazan rápidamente y la colocan sobre el vientre, como para proteger al feto.

350. FROTARSE EL VIENTRE. Las mujeres embarazadas a menudo se frotan el vientre reiteradamente para aliviar las molestias, pero inconscientemente también lo hacen para proteger al feto. Debido a que es un comportamiento táctil repetitivo, también sirve como autoapaciguador y algunos investigadores afirman que incluso ayuda a liberar oxitocina al torrente sanguíneo.

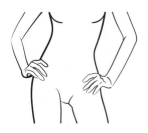

LAS CADERAS, LAS NALGAS Y LOS GENITALES

Una guía de lenguaje corporal debe incluir la región que se encuentra entre el ombligo y la parte superior de las piernas. Las caderas, que se giran en el ángulo justo para que podamos caminar o correr sobre dos piernas a gran velocidad, nos dan forma, pero también dicen algo sobre nosotros, ya sea que se trate de nuestra salud reproductiva o de nuestra sensualidad. Como señala el reconocido zoólogo Desmond Morris en su libro *Bodywatching* [Observar el cuerpo], en todo el mundo las caderas y los glúteos cumplen un papel en la atracción y en la seducción. La escultura femenina, la Venus de Hohle Fels, la más antigua descubierta hasta el momento, con más de treinta y cinco mil años de antigüedad, es una obra maestra de la forma femenina, en la que destacan las caderas, los genitales y los glúteos. Se han encontrado figuras similares en todo el mundo, lo cual dice mucho sobre la atracción natural que despierta en nosotros esta parte del cuerpo. Esta es una oportunidad para explorar lo que esta zona corporal puede comunicarnos más allá de lo obvio.

351. CAMBIAR DE POSTURA LA CADERA/LOS GLÚTEOS.
Los cambios de postura de la cadera o los glúteos ayudan a combatir el estrés, el aburrimiento o la fatiga de estar sentado en el mismo sitio mucho rato. También es algo que hacen algunas personas durante un debate polémico, ya sea cuando se están alterando o justo después, como un proceso de calma. Rara vez se ve esto en las parejas al principio de su relación; tiende a aparecer, si es que aparece, más adelante, cuando se discuten cuestiones que van surgiendo.

352. FROTARSE LAS CADERAS.
En situaciones de estrés, hay personas que se frotan un lado de las caderas y las piernas para apaciguarse. También se hace para secarse unas manos sudorosas cuando se está nervioso. Es un gesto que se ve en los estudiantes que se preparan para hacer un examen o en los viajeros que pasan por la aduana.

LAS CADERAS, LAS NALGAS Y LOS GENITALES

353. BALANCEAR EL TORSO DESDE LA CADERA. Hay individuos que, ante una fuerte presión psicológica, pueden balancearse hacia delante y hacia atrás desde las caderas estando sentados. Un estrés grave, como ser testigo de la muerte de un ser querido, desencadenará este comportamiento, ya que es un movimiento repetitivo autoapaciguador. También se puede ver en personas que sufren de ciertos trastornos mentales, como los del espectro autista.

354. MECERSE DE PIE. Cuando estamos aburridos, puede ser que, estando de pie, nos encontremos balanceando las caderas de lado a lado, como si estuviéramos acunando y meciendo a un bebé para que se duerma. Mover las caderas hace que el líquido y el vello del oído interno se muevan, y esa sensación es muy relajante. Esto es diferente del balanceo del torso desde la cadera (ver n.º 353), que es hacia delante y hacia atrás.

355. RESALTAR LAS CADERAS. Tanto hombres como mujeres utilizan las caderas para llamar la atención, como en la famosa estatua del David de Miguel Ángel, en la que se lo ve de pie en *contrapposto*, con una pierna levemente flexionada, lo que hace que sus nalgas sean más prominentes y, por tanto, más atractivas. Las caderas más grandes también pueden servir para destacar, algo que Kim Kardashian hace constantemente y con orgullo. Hacer resaltar las caderas es algo que se suele ver en

189

el comportamiento de cortejo para llamar la atención. En muchas culturas de todo el mundo, las caderas representan la juventud y la fertilidad y se exhiben especialmente durante el cortejo.

356. TOCARSE LOS GENITALES. Los docentes a menudo cuentan que los niños, y a veces las niñas, se tocan o se tiran de los genitales a través de la ropa. Esto es muy natural: los genitales contienen un número extraordinario de terminaciones nerviosas y tocárselos no solo les calma o alivia, también les resulta placentero. Con el tiempo, superan este comportamiento y no es algo inusual ni de lo que preocuparse.

357. AGARRARSE LA ENTREPIERNA. Este gesto, que Michael Jackson popularizó con sus coreografías, sorprendió a muchos cuando se realizó por primera vez y, sin embargo, hoy en día es bastante común entre los artistas. Hay muchas teorías sobre por qué algunos hombres hacen esto: para llamar la atención, como muestra de hombría o simplemente para acomodarse los genitales. Cuando son hombres adultos quienes lo llevan a cabo, puede resultar bastante molesto si se hace repetidamente y a corta distancia, un comportamiento que, según me cuentan las mujeres, a veces se da en los lugares de trabajo. Está claro que debe evitarse hacerlo en público.

358. ENMARCARSE LOS GENITALES. Es algo que se ve hacer a menudo a los vaqueros en las películas o en fotografías y que consiste en que el hombre coloca los pulgares dentro de los pantalones o se los engancha en el cinturón, con los dedos extendidos hacia la zona de la entrepierna. El enmarcado genital se utiliza para llamar la atención y sirve como exhibición de masculinidad. Por lo general, los codos se ponen hacia fuera, lo que provoca que el hombre parezca más grande y tenga más aspecto de «duro».

359. CUBRIRSE LOS GENITALES. En ciertas situaciones, es posible que pongamos las manos juntas sobre los genitales o la entrepierna como, por ejemplo, en los ascensores, con la vista puesta en los números o en la puerta mientras tanto. Este gesto puede ser efectivo para aguantar la ansiedad social o la incomodidad que produce que alguien esté demasiado cerca.

360. SENTARSE CON LAS PIERNAS SEPARADAS. Esta es una postura típicamente masculina, que se observa muy frecuentemente en el transporte público. Se considera grosero y una falta de consideración debido a la cantidad de espacio que se ocupa y por la exhibición poco sutil de la entrepierna.

LAS PIERNAS

Nuestras piernas son únicas en el reino animal, ya que la articulación que forman en su unión con las caderas nos permite caminar, correr, escalar, patear, saltar, nadar y montar en bicicleta. Usamos nuestras piernas como medio de locomoción, como protección, para establecer nuestra posición de autoridad y como un ancla firme a la que nuestros hijos pueden aferrarse cuando están nerviosos o son tímidos. Las piernas, musculosas, largas o robustas, son tan variadas como sus dueños. A menudo ignoradas cuando se trata de comportamientos no verbales, pueden comunicar de todo, desde la elegancia hasta el nerviosismo y la alegría. Y debido a que nuestras piernas sirven como una herramienta de supervivencia (pueden ayudarnos a escapar), pueden ser muy sinceras en cuanto a expresar lo que sentimos por los demás.

361. DISTANCIA FÍSICA INTERPERSONAL. El antropólogo

Edward T. Hall acuñó el término *proxémica* para describir la necesidad que tienen todos los animales de un espacio personal. Si alguien se sitúa demasiado cerca de nosotros, nos sentimos incómodos. Nuestras necesidades espaciales se basan tanto en la cultura como en las preferencias personales. La mayoría de los estadounidenses se sienten cómodos en espacios públicos a una distancia de entre tres y siete metros de los demás; en espacios sociales, entre uno y tres metros, y en el espacio personal, entre medio y un metro. Cuando se trata de nuestro espacio íntimo, somos muy sensibles a quién se acerca a menos de medio metro de distancia. Estas son, por supuesto, aproximaciones, ya que es diferente para cada persona y varía con la cultura, la nacionalidad, la ubicación e incluso la hora del día. Por la noche puede que no nos sintamos cómodos caminando cerca de un extraño que está a menos de tres metros de distancia.

362. POSTURA TERRITORIAL. Usamos las piernas como

una forma de manifestar territorialidad, según nuestra postura. Cuanto más separados estén nuestros pies, mayor será el despliegue territorial. La amplitud de la postura de una persona es reveladora: los militares y los oficiales de policía tienden a mantenerse con los pies más separados cuando están de pie que, por ejemplo, los contables y los ingenieros. La extensión de las piernas transmite claramente una sensación de confianza y una reivindicación subconsciente del territorio.

363. DESAFÍO TERRITORIAL. Durante una discusión acalorada, una persona puede invadir intencionalmente tu espacio personal, poniéndose a solo unos centímetros de tu cara (figurativamente «en tu cara»), hinchando el pecho y mirándote a los ojos. Esta violación del espacio sirve para intimidar y puede ser el preludio de una agresión física.

364. COLOCARSE EN ÁNGULO (DE LADO). La mayoría de las personas prefieren hablar con los demás desde una postura ligeramente en ángulo, en lugar de hablar directamente cara a cara. Cuando los niños se encuentran por primera vez, por lo general se acercan unos a otros en ángulo por una razón: tienen una mejor recepción. He descubierto que cuando los hombres de negocios se enfrentan entre sí en un ligero ángulo, la cantidad de tiempo que pasan juntos aumenta. Ten en cuenta que cuando hay alguna aspereza, siempre es mejor situarse ligeramente en ángulo lejos de la otra persona, ya que esto tiende a ayudar a disipar las emociones negativas.

365. **LA FORMA DE CAMINAR.** La forma en que caminamos transmite muchas cosas. Algunas formas de andar son intencionalmente sexis (como la de Marilyn Monroe, por ejemplo), mientras que otras muestran fuerza y determinación (como la de John Wayne). Algunas sugieren que una persona está haciendo algo importante, mientras que otras son más relajadas y casuales. Y otras tienen la intención de llamar la atención, como los andares del personaje que interpreta John Travolta en la escena de apertura de la película *Fiebre del sábado noche*. Y no es solo cómo caminamos, sino que a veces comunicamos nuestro interés en los demás por la frecuencia con la que pasamos por delante para ver bien o para llamar la atención.

366. **QUIÉN MARCA EL RITMO AL ANDAR.** Quien establece el ritmo de marcha en un grupo suele ser la persona que tiene el mando. Aceleraremos o reduciremos la velocidad para el individuo de mayor jerarquía o el líder del grupo. Incluso los adolescentes lo hacen, dejándose llevar por el más prominente socialmente y caminando a su propio ritmo. Esto puede significar que la última persona en un grupo es el líder y está marcando el paso para que no se camine más rápido. Al analizar los grupos, recuerda que no es quien está al frente, sino quien marca el ritmo, el que manda.

367. **FORMAS DE SENTARSE.** En cada cultura las personas se sientan de una forma diferente. En algunas partes de

Asia, la gente se pone en cuclillas, con las nalgas abajo y las rodillas hacia arriba, mientras espera el autobús. En otras culturas, se sientan con las piernas cruzadas, como hacía Gandhi mientras trabajaba en el telar. En Europa y en otros lugares, es común sentarse con una pierna sobre la rodilla opuesta, con la suela del zapato hacia abajo. En los Estados Unidos, hay una combinación de estilos de sentarse, entre ellos la conocida como postura del cuatro (4), en la que el tobillo se coloca encima de la rodilla opuesta, con el pie en alto. En lo relativo al comportamiento al sentarse, es importante seguir tanto las costumbres locales como las de nuestro anfitrión.

368. SENTARSE CON LAS PIERNAS JUNTAS. El nivel de confianza que tenemos en nosotros mismos se revela a menudo por la forma en que nos sentamos. Cuando se juntan las piernas de repente, es una señal de inseguridad. En parte, por supuesto, la forma en que nos sentamos es cultural, pero en algunos casos la manera de mover las piernas indica con una gran fiabilidad el estado emocional del momento y el grado de autoconfianza. Hay que tener en cuenta que, en muchos lugares, la convención social dicta que las mujeres se sienten con las rodillas juntas.

369. SENTARSE CON LAS PIERNAS ABIERTAS. Las piernas que de repente se separan más al sentarse durante una entrevista o una conversación sugieren mayor comodidad o confianza. Se trata de un despliegue territorial universal; cuanto más separadas están, más territorio se reclama. Este comportamiento es más pronunciado en los hombres.

370. CRUZAR LOS TOBILLOS. Hay personas que suelen sentarse con los tobillos cruzados, sobre todo en un ambiente formal. Yo me fijo en aquellos que de repente realizan este gesto cuando se discute algo controvertido o difícil; por lo general indica que se están conteniendo, expresando reservas o mostrando vacilación o incomodidad psicológica.

371. ENTRELAZAR LOS TOBILLOS CON LAS PATAS DE LA SILLA. La inseguridad, el miedo o la preocupación provocan que algunas personas entrelacen repentinamente los tobillos alrededor de las patas de la silla. Algunos, por supuesto, se sientan así de forma habitual. Sin embargo, cuando alguien entrelaza súbitamente los tobillos alrededor de las patas de la silla al hacerle una pregunta, o mientras se discute un tema delicado, es un fuerte indicador de que algo anda mal: forma parte de la respuesta de congelación o autocontrol.

372. RODILLAS APRETADAS Y CUERPO RECLINADO HACIA ATRÁS. Tener las rodillas firmemente juntas puede significar que la persona se está sujetando a sí misma. Esto se ve a menudo entre los solicitantes de empleo que están nerviosos. Con los pies en el suelo y las rodillas apretadas, debido al estrés, la persona se reclina hacia atrás de manera bastante rígida.

373. RODILLAS APRETADAS Y CUERPO RECLINADO HACIA DELANTE. Cuando hacemos esto desde la posición sentada, con las manos sobre las rodillas, inclinándonos hacia delante, normalmente significa que estamos listos para partir. A menudo también alineamos los pies en la posición de salida, uno delante del otro. Procura no hacer esto en una reunión a menos que seas la persona de mayor rango; es ofensivo indicar que quieres irte si alguien más está a cargo o es tu superior.

374. SENTARSE CON UNA PIERNA CRUZADA EN ALTO HACIENDO BARRERA. Cruzar una pierna de tal manera que actúe como una barrera estando sentado (levantando la rodilla que se ha cruzado sobre la pierna opuesta) sugiere que hay problemas, reservas o incomodidad social. Ya sea en casa o en el trabajo, este comportamiento refleja con precisión los sentimientos. A menudo ves que esto ocurre en el momento en que se plantea un tema incómodo.

375. PONER LA PIERNA EN ALTO. Subconscientemente, los individuos que se sienten confiados o superiores extienden la pierna sobre el escritorio, una silla u otro objeto, incluso otras personas, como una forma de marcar su territorio. Algunos jefes hacen esto de manera habitual.

376. FROTARSE LA PIERNA. Frotarnos la parte superior de los cuádriceps (un gesto conocido como «limpiador de piernas») funciona para calmarnos cuando estamos sometidos a mucho estrés. Puede ser fácil de pasar por alto, ya que generalmente ocurre debajo de una mesa o escritorio.

377. FROTARSE LA RODILLA. En personas que se sienten estresadas o que anticipan algo emocionante, vemos que se rascan o frotan repetidamente el área justo por encima de la rodilla. Como la mayoría de los comportamientos repetitivos, sirve para apaciguar o para aplacar la excitación o la tensión.

378. RASCARSE EL TOBILLO. En situaciones de tensión no es inusual que una persona se rasque los tobillos. Sirve tanto para aliviar el estrés como para ventilar la piel. A menudo vemos esto en situaciones de alto riesgo, como cuando hay un bote grande en una partida de póquer o cuando en una entrevista forense se hace una pregunta difícil.

379. FLEXIONAR LAS RODILLAS. Este comportamiento se realiza flexionando rápidamente las rodillas hacia delante mientras se está de pie, lo que hace que uno se hunda de manera bastante notable. Por lo general, la persona se recupera inmediatamente. Este es un comportamiento muy infantil, casi como el comienzo de una rabieta. He visto a hombres adultos hacer esto en el mostrador de alquiler de coches cuando se les dice que el vehículo que habían pedido no está disponible.

380. ARRASTRAR LOS PIES. A menudo vemos a los niños arrastrar los pies hacia atrás y hacia delante, mientras están hablando o esperando. Esta es una conducta de tipo repetitivo que les ayuda a calmarse o a entretenerse. También pueden hacerlo los adultos mientras están esperando a que llegue alguien. Se puede usar para enmascarar la ansiedad y es una conducta común en las personas tímidas e inexpertas en una primera cita.

381. AGITAR EL TOBILLO. Algunos individuos, mientras están de pie, retuercen el pie o lo hacen temblar agitando el tobillo, en una muestra de inquietud, agitación, hostilidad o irritación. Esto es muy perceptible porque el temblor hace que todo el cuerpo se mueva.

382. ABRAZARSE LAS RODILLAS. A menudo vemos a los adolescentes abrazarse las propias piernas llevándose las rodillas a la altura del pecho. Esto puede ser muy reconfortante y les ayuda a disfrutar un momento mientras escuchan música o a sobrellevar sus emociones. También he visto a algunos criminales hacer esto durante un interrogatorio para soportar el estrés.

383. **ESTAR DE PIE CON LAS PIERNAS CRUZADAS (COMO-DIDAD).** Cruzamos las piernas estando de pie cuando nos encontramos solos o si nos sentimos cómodos con las personas que nos rodean. En el momento en que alguien nos causa la más mínima molestia psicológica, las descruzamos en caso de que necesitemos distanciarnos rápidamente o defendernos de la persona ofensora. Esto se nota en los ascensores, donde un viajero solitario descruza las piernas en el momento en que entra un extraño.

384. **SENTADO, DANDO PATADITAS.** Si alguien tiene una pierna cruzada sobre la rodilla y, al escuchar una pregunta, dicha pierna va desde temblores o sacudidas (movimientos repetitivos) hasta lanzar patadas repentinas al aire, es evidente que la pregunta le ha causado una alta incomodidad. Esto no es una conducta autotranquilizadora, a menos que se trate de alguien que siempre lo esté haciendo. Es un acto inconsciente de patear algo objetable. Las pataditas repentinas, en respuesta a una pregunta o una afirmación, suelen estar relacionadas con fuertes sentimientos negativos.

385. **SALTAR (ALEGRÍA).** Este comportamiento que desafía la gravedad, y que se da en todo el mundo, está impulsado por emociones positivas. Los primates también saltan de alegría, al igual que los humanos, cuando sienten que están a punto de recibir un regalo. Nuestro sistema límbico, el centro emocional del cerebro, dirige este comportamiento automáticamente, por lo que cuando un jugador anota un punto, los espectadores saltan de golpe, sin que se les diga que lo hagan.

386. PIES Y PIERNAS QUE NO COOPERAN. Cuando los niños se niegan a ir a un lugar al que no quieren ir, protestan arrastrando los pies, dando patadas, retorciéndose o convirtiéndose en un peso muerto. Y no solo los niños, a menudo se puede ver a adultos que se resisten al arresto haciendo lo mismo. Sus piernas están demostrando clara e inequívocamente cómo se sienten realmente acerca de algo.

387. PERDER EL EQUILIBRIO. Hay un sinnúmero de condiciones médicas que pueden desencadenar la pérdida del equilibrio, incluyendo la presión arterial baja, o algo tan simple como levantarse demasiado rápido. Las drogas y el alcohol también pueden jugar un papel en esto, al igual que la edad. Cuando vemos a alguien perder el equilibrio de repente, nuestro primer impulso debe ser el de ayudar cuando sea posible. Es importante tener en cuenta que las caídas de los ancianos pueden tener consecuencias catastróficas debido a la fragilidad de los huesos, por lo que se requiere una acción inmediata.

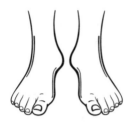

LOS PIES

«El pie humano es una obra maestra de ingeniería y una obra de arte», dijo Leonardo da Vinci tras décadas de disección y estudio del cuerpo humano. Aunque son relativamente pequeños en comparación con otras partes del cuerpo, los pies soportan todo nuestro peso y como detectores del movimiento, las vibraciones, el calor, el frío y la humedad no tienen precio. Ponemos más presión sobre nuestros pies que sobre cualquier otra parte de nuestro cuerpo, y los castigamos con zapatos apretados y viajes interminables. Sensibles al menor toque, pueden ser muy sensuales o pueden romper un ladrillo con una patada de karate. Al igual que el resto del cuerpo, hacen su trabajo de manera exquisita, equilibrándonos y permitiéndonos caminar y trepar, pero también comunican nuestros sentimientos e intenciones, así como nuestros miedos.

388. PIES PARALIZADOS. Los pies que de repente se quedan paralizados y dejan de moverse indican preocupaciones o inseguridades. Tendemos a congelar el movimiento cuando nos sentimos amenazados o preocupados, una respuesta evolutiva que evita que los depredadores nos detecten.

389. RETIRAR LOS PIES. Durante las entrevistas de trabajo, los entrevistados retiran repentinamente los pies y los colocan bajo la silla cuando se les hacen preguntas delicadas que tal vez no les gusten. El movimiento es a veces bastante perceptible, y se produce justo a continuación de una pregunta difícil de responder, como: «¿Alguna vez te han despedido de un trabajo?». En casa, los adolescentes pueden hacer esto cuando se les pregunta dónde estuvieron la noche anterior.

390. «HACER PIECECITOS». Cuando nos gusta otra persona, nuestros pies se sienten atraídos por ella. Cuando nos gusta románticamente, nuestros pies pueden moverse casi inconscientemente hacia los suyos para que entren en contacto. Esta es la razón por la que se ve a la gente jugueteando con los pies debajo de la mesa en las

primeras etapas de una relación. El toque lúdico tiene un papel importante cuando se trata de conectarnos con los demás. A nivel neurológico, cuando nos tocan los pies, se registra en una banda sensorial a lo largo del lóbulo parietal del cerebro, muy cerca de donde se registra cuando nos tocan los genitales.

391. **BALANCEAR LOS PIES.** Este es otro comportamiento repetitivo que sirve para apaciguarnos. Podríamos hacerlo cuando estamos esperando a que alguien se dé prisa: el balanceo se desplaza de los talones a los dedos de los pies, de un lado a otro. También es un comportamiento que desafía la gravedad. El balanceo de los pies puede aliviar el aburrimiento y demostrar que una persona tiene el control de la situación.

392. **ALEJAR EL PIE.** Cuando estamos hablando con alguien, es posible que le indiquemos que tenemos que salir gradual o repentinamente apuntando con un pie hacia la puerta. Esta es nuestra forma no verbal de comunicar «tengo que irme». Es una señal de intención, y si la persona con la que estamos hablando la ignora, podemos irritarnos mucho. Hay que estar atento a los demás y reconocer que cuando su pie se aleja, lo más probable es que tengan que irse.

393. **PIES QUE SE DAN LA VUELTA.** Cuando estamos en presencia de alguien que nos desagrada, no es nada raro

que nuestros pies se vuelvan juntos hacia la puerta o se alejen de esa persona. Al observar a los jurados a lo largo de los años, he notado que a menudo giran los pies hacia la sala del jurado en el momento en que un testigo o abogado que les desagrada comienza a hablar. En las fiestas, es posible que vea a dos personas mirarse e incluso intercambiar una sonrisa social mientras sus pies se dan la vuelta, lo que indica su rechazo mutuo.

394. DEDOS DE LOS PIES HACIA DENTRO. Algunas personas vuelven los dedos de los pies hacia dentro («dedos de paloma») cuando son inseguras, tímidas o introvertidas, o cuando se sienten particularmente vulnerables. Este comportamiento, que generalmente se observa en los niños, pero también en algunos adultos, demuestra algún tipo de necesidad emocional o aprensión.

395. DEDOS DE LOS PIES HACIA ARRIBA. Ocasionalmente, cuando alguien participa en una conversación, ya sea en persona o por teléfono, se ven los dedos de los pies apuntando hacia arriba, en ángulo, con el talón apoyado firmemente en el suelo. Este es un comportamiento que desafía la gravedad y que normalmente se asocia a emociones positivas. Cuando los buenos amigos se encuentran, también verás este comportamiento mientras hablan.

396. ENSEÑAR LAS SUELAS DE LOS ZAPATOS O LAS PLANTAS DE LOS PIES. En muchas partes del mundo, especialmente en África, Oriente Medio y otras zonas de Asia, mostrar la planta del pie o la suela del zapato es insultante. Al viajar al extranjero, hay que tener cuidado con la forma de sentarse, ya que descansar el tobillo sobre una rodilla expone la suela del zapato. Por lo general, es preferible mantener ambos pies en el suelo o colocar una pierna sobre la rodilla opuesta de modo que la suela esté apuntando hacia abajo.

397. PIES FELICES. A veces detectamos un subidón emocional al observar unos «pies felices»: los pies están animados y nerviosos. Esto es claramente visible en los niños, cuando les dices que los vas a llevar a un parque temático, por ejemplo. Pero también lo vemos en los adultos. Los jugadores de póquer pueden hacer rebotar los pies bajo la mesa cuando tienen una mano exageradamente buena. Aunque los pies no sean visibles, a menudo se nota cierto movimiento en la ropa o incluso en los hombros.

398. GOLPETEO DEL PIE. Este es un comportamiento familiar que se lleva a cabo para entretenerse, para llevar el ritmo de la música o, al igual que el rasguear con los dedos, para indicar que nos estamos impacientando. Por lo general, solo interviene la parte delantera del pie, mientras el talón permanece en el suelo, aunque este también puede intervenir.

399. MOVER LOS DEDOS DE LOS PIES. ¿Alguna vez te has encontrado moviendo los dedos de los pies? Lo más probable es que estuvieras sintiéndote bien por algo, entusiasmado o deseoso de algo que iba a suceder. El movimiento de los dedos estimula los nervios que ayudan a aliviar el aburrimiento o el estrés y puede ser una señal de excitación, como lo son los pies felices.

400. PIES AGITADOS. Todos los padres reconocen los pies agitados de un niño que quiere levantarse de la mesa para ir a jugar. A menudo nuestros pies transmiten lo que queremos dejar, incluso en una sala de juntas llena de adultos, a través de movimientos excesivamente incómodos. Estos pueden incluir cambios repetitivos, movimientos de lado a lado, retirada de los pies o levantar y bajar repetidamente los talones.

401. PASEARSE NERVIOSO DE UN LADO A OTRO. Mucha gente se pasea cuando está estresada. Esto funciona como un autoapaciguador, como ocurre con todos los comportamientos repetitivos.

402. LAS PIERNAS COMO INDICADORES DE LO QUE DESEAMOS. Nuestras piernas a menudo señalan cuando queremos acercarnos a algo o a alguien. Las piernas y los pies van a gravitar hacia un escaparate que muestra golosinas o hacia una persona que nos interesa. O puede que nos alejemos como si fuéramos a irnos, pero que nuestras piernas permanezcan congeladas porque nos gusta la persona con la que estamos.

403. PATALETAS. Esto se observa con mayor frecuencia en los niños: se retuercen, se mueven y patalean enérgicamente, haciéndoles saber a todos cómo se sienten. Y no son solo los niños: de vez en cuando verás a los adultos hacer lo mismo, como presencié en cierta ocasión en que sacaron a un ejecutivo de un vuelo. Este es un recordatorio de que las piernas también demuestran emociones, y debido a que albergan los músculos más grandes del cuerpo, lo hacen con el máximo efecto.

404. DAR UN PISOTÓN. Los niños no son los únicos que dan pisotones para dar a conocer sus sentimientos. A menudo vemos esto cuando un adulto está exasperado o ha llegado al límite de su paciencia. He observado a hombres y mujeres dando pisotones al estar haciendo cola, cuando se avanzaba demasiado despacio. Por lo general, solo se da un pisotón, únicamente para llamar la atención.

405. TIRARSE DE LOS CALCETINES. El estrés hace que la temperatura de la piel aumente rápidamente. Para muchas personas, los pies y la parte inferior de las piernas se calientan, de manera que resulta incómodo. Cuando están estresadas, se ventilan los tobillos tirando de los calcetines, a veces repetidamente. Este es un comportamiento que a menudo pasa desapercibido y que indica un alto grado de incomodidad psicológica.

406. **HACER COLGAR EL ZAPATO.** Cuando algunas personas, especialmente las mujeres, se sienten cómodas con otras, dejan colgar el zapato desde el empeine del pie. Esto se ve a menudo en las citas. El zapato vuelve a su sitio en el mismo instante en que la mujer se siente incómoda o ya no le gusta lo que la otra persona está diciendo.

407. **AGITACIÓN GENERAL DE PIES Y PIERNAS.** Esto puede deberse a una reacción alérgica a un medicamento, al consumo de drogas, a un *shock* después de una tragedia, o un ataque de pánico. La persona que lo sufre puede mostrar pies inquietos o caminar o correr de un lado a otro aparentemente sin propósito. Al mismo tiempo, puede mostrar los puños apretados, las manos temblorosas, algunos mordiscos en los labios e incluso temblores en los párpados. Este estado generalizado de agitación es una señal no verbal de que ocurre algo malo y que la persona está teniendo dificultades para manejarlo. Es posible que se necesite asistencia médica o asesoramiento psicológico. No se debe esperar que quien experimenta tal agitación sea capaz de hablar o pensar coherentemente en un momento como este.

CONCLUSIÓN

Mi esperanza es que este libro te abra los ojos al mundo que te rodea, para ayudarte a entender y apreciar a los demás a través de este lenguaje tácito que llamamos no verbal. Pero leer sobre ello es solo el primer paso. Ahora viene la parte más interesante: buscar y comprobar lo que has aprendido. Al verificar estas observaciones por tu cuenta, como «investigación de campo», todos los días, desarrollarás tus propias habilidades para descifrar el comportamiento humano. Cuanto más estudies y verifiques, más fácil te resultará, y te darás cuenta de inmediato de las señales que otros no ven.

A todos nos interesan los demás seres humanos. Para estar en sintonía es necesario comprenderse. El liderazgo consiste en entender y comunicar, y el lenguaje corporal es una pieza clave de ello. Los líderes efectivos escuchan y transmiten por dos canales: el verbal y el no verbal. Y aunque nuestro mundo se está digitalizando y despersonalizando cada vez más, el contacto cara a cara sigue siendo extraordinariamente importante para construir relaciones, establecer confianza y vínculos, comprender a los demás y relacionarse empáticamente. La tecnología tiene su utilidad (me ayudó a escribir este libro), pero tiene limitaciones a la hora de seleccionar a un mejor amigo o a alguien con quien compartir la vida. Las señales no verbales que enviamos, y las que detectamos en otros, importan muchísimo.

Por supuesto, ningún libro puede abarcar todo el comportamiento humano. Otros se enfocarán en diferentes comportamientos y contribuirán a nuestro conocimiento más allá de mi alcance; quizás algún día serás tú mismo quien contribuya. Mi intención ha sido siempre compartir mis conocimientos y experiencias con otros, y hacerlo me ha aportado una gran satisfacción. Espero que tú también compartas con otros lo que has aprendido sobre el lenguaje corporal y la comunicación no verbal. Que tu vida se vea tan enriquecida como la mía al aprender por qué hacemos lo que hacemos. Ha sido un viaje interesante. Gracias por compartirlo.

AGRADECIMIENTOS

Comienzo cada viaje escribiendo con plena conciencia de cuántas personas me han ayudado a lo largo del camino y no solo con este libro. La mayoría nunca será reconocida porque hace tiempo que he olvidado el nombre de un maestro que respondió a una pregunta, o del vecino con el que compartí un almuerzo, o del entrenador que me enseñó a disciplinar mi enfoque. He olvidado sus nombres, pero no sus actos de bondad. Tampoco he olvidado a las innumerables personas de todo el mundo, desde Pekín hasta Bucarest, que me han honrado comprando mis libros, siguiéndome en los medios sociales y animándome a escribir. Un cordial agradecimiento.

A Ashleigh Rose Dingwall, gracias por su ayuda en la lectura del manuscrito y por sus valiosas sugerencias. A los hombres y mujeres del FBI, especialmente a los de la unidad de revisión de prepublicaciones, gracias por su incansable ayuda.

William Morrow es actualmente el hogar de cuatro de mis libros precisamente por gente como la editora Liate Stehlik y el maravilloso equipo que trabajó en este proyecto, incluyendo a Ryan Curry, Bianca Flores, Lex Maudlin y la editora de producción Julia Meltzer. A mi editor en William Morrow, Nick Amphlett, quien defendió este proyecto, guiándolo expertamente a través de sus muchos pasos, tengo más que gratitud. Nick, fuiste muy amable y generoso con tu tiempo, tus ideas y el proceso de edición. Tú y tus colegas habéis hecho posible este trabajo de forma colectiva y os doy las gracias.

A mi querido amigo y agente literario Steve Ross, director de la División del Libro de la Agencia de Artistas Abrams, le estoy profundamente agradecido. Steve es el tipo de agente que la mayoría de los escritores desean tener porque escucha, se preocupa, aconseja y obtiene resultados. Steve, eres único. Gracias por tu guía y tu liderazgo cuando más lo necesitaba. Un gran agradecimiento también a tus colegas David Doerrer y Madison Dettlinger por su ayuda en este y otros proyectos.

No estaría aquí escribiendo si no fuera por mi familia, que siempre me ha apoyado y me ha permitido tener curiosidad y seguir mi propio camino menos recorrido.

A Mariana y Albert, mis padres, gracias por todos los sacrificios que hicisteis para que pudiera triunfar. A mis hermanas, Marianela y Terry, vuestro hermano que os quiere. A Stephanie, mi hija: tienes la más hermosa de las almas. A Janice Hillary y a mi familia en Londres, gracias por vuestro aliento y comprensión, siempre.

Por último, a mi esposa, Thryth, que me apoya maravillosamente en todo lo que hago, pero especialmente en mis escritos, gracias. De tu bondad saco fuerzas y gracias a tu aliento aspiro a ser mejor en todo. Soy una persona mucho mejor desde que entraste en mi vida. Tu amor se siente cada día a través de todo lo que haces.

BIBLIOGRAFÍA

Alford, R. (1996). «Adornment». En D. Levinson y M. Ember (eds.), *Encyclopedia of Cultural Anthropology*. Nueva York: Henry Holt.

Burgoon, J. K., Buller, D. B. y Woodall, W. G. (1994). *Non-verbal communication: The unspoken dialogue*. Columbus, OH: Greyden Press.

Calero, H. H. (2005). *The power of nonverbal communication: How you act is more important than what you say*. Los Ángeles: Silver Lake Publishers.

Carlson, N. R. (2018). *Fisiología de la conducta*. Madrid: Pearson.

Darwin, C. (2009). *La expresión de las emociones*. Pamplona: Laetoli Editorial.

Dimitrius, J. y Mazzarela, M. (1998). *Reading people: How to understand people and predict their behavior —anytime, anyplace*. Nueva York: Ballantine Books.

Ekman, P., Friesen, W. Y. y Ellsworth, P. (1982). *Emotion in the human face: Guidelines for research and an integration of findings*.

Ed. Paul Ekman. Cambridge, Reino Unido: Cambridge University Press.

Etcoff, N. (1999). *Survival of the prettiest: The science of beauty*. Nueva York: Anchor Books.

Givens, D. G. (2005). *Love signals: A practical guide to the body language of courtship*. Nueva York: St. Martin's Press.

———. (1998-2007). *The nonverbal dictionary of gestures, signs & body language cues*. Spokane, WA: Center for Nonverbal Studies. Http://members.aol.com/nonverbal2/diction1.htm.

———. (2010). *Your body at work: A guide to sight-reading the body language of business, bosses, and boardrooms*. Nueva York: St. Martin's Press.

Hall, E. T. (1969). *The hidden dimension*. Garden City, Nueva York: Anchor Books.

———. (1959). *The silent language*. Nueva York: Doubleday.

Iacoboni, M. *Las neuronas espejo*. Buenos Aires: Katz Editores.

Knapp, M. L. y Hall, J. A. (2002). *Nonverbal communication in human interaction* (5.ª ed.). Nueva York: Harcourt Brace Jovanovich.

LaFrance, M. y Mayo, C. (1978). *Moving bodies: Nonverbal communications in social relationships*. Monterey, CA: Brooks/Cole.

LeDoux, J. E. (1996). *The emotional brain: The mysterious underpinnings of emotional life*. Nueva York: Touchstone.

Montagu, A. (2016). *El tacto: La importancia de la piel en las relaciones humanas*. Barcelona: Paidós.

Morris, D. (1985). *Bodywatching: A field guide to the human species*. Nueva York: Crown Publishers.

———. (1994). *Bodytalk: The meaning of human gestures*. Nueva York: Crown Trade Paperbacks.

———. (1971). *Intimate behavior*. Nueva York: Random House.

———. (1980). *Manwatching: A field guide to human behavior*. Nueva York: Crown Publishers.

———. (2002). *Peoplewatching: A guide to body language*. Londres: Vintage Books.

Morris, Desmond, *et al.* (1994). *Gestures*. Nueva York: Scarborough Books.

Navarro, J. (2016). «Chirality: A look at emotional asymmetry of the face». *Spycatcher* (blog). *Psychology Today,* 16 de mayo de 2016. https://www.psychologytoday.com/blog/spycatcher/201605/chirality-look-emotional-asymmetry-the-face.

Navarro, J. y Karlins, M. (2010). *El cuerpo habla.* Málaga: Editorial Sirio.

Navarro, J. y Poynter, T. S. (2009). *Louder than words: Take your career from average to exceptional with the hidden power of nonverbal intelligence.* Nueva York: HarperCollins Publishers.

Panksepp, J. (1998). *Affective neuroscience: The foundations of human and animal emotions.* Nueva York: Oxford University Press.

Ratey, J. J. (2001). *A user's guide to the brain: Perception, attention, and the four theaters of the brain.* Nueva York: Pantheon Books.